Sor Juana Inés de la Cruz

Poemas

Barcelona 2024
Linkgua-ediciones.com

Créditos

Título original: Poemas.

© 2024, Red ediciones.

e-mail: info@linkgua.com

Diseño de cubierta: Michel Mallard.

ISBN rústica ilustrada: 978-84-9816-237-0.
ISBN tapa dura: 978-84-9897-469-0.
ISBN ebook: 978-84-9953-778-8.

Sumario

Créditos   4

Brevísima presentación   11
    La vida   11

Introducción   13

Sonetos   47

I. Procura desmentir los elogios que a un retrato de la
poetisa inscribió la verdad, que llama pasión   49

II. Quéjase de la suerte: insinúa su aversión a los vicios y
justifica su divertimiento a las Musas   51

III. Muestra sentir que la baldonen por los aplausos de su
habilidad   53

IV. Cadena por crueldad disimulada el alivio que la
esperanza da   55

V. En que da moral censura a una rosa, y en ella a sus semejantes 57

VI. Muestra se debe escoger antes morir que exponerse a
los ultrajes de la vejez   59

VII. Contiene una fantasía contenta con amar decente   61

VIII. En que satisfaga un recelo con la retórica del llanto   63

IX. Efectos muy penosos de amor, y que no por grandes
igualan con las prendas de quien le causa   65

X. No quiero pasar por olvido lo descuidado   67

XI. Prosigue el mismo pesar y dice que aún no se debe
aborrecer tan indigno sujeto, por no tenerle aún así cerca del
corazón   69

XII. De amor, puesto antes en sujeto indigno, es enmienda
blasonar del arrepentimiento   71

XIII. Un celoso refiere el común pesar, que todos padecen, y
advierte a la causa el fin que puede tener la lucha de afectos
encontrados   73

XIV. Que consuela un celoso epilogando la serie de los amores 75

XV. De una reflexión cuerda con que mitiga el dolor de una pasión 77

XVI. Solo con aguda ingeniosidad esfuerza el dictamen de que
sea la ausencia mayor mal que los celos   79

XVII. Resuelve la cuestión de cuál sea pesar más molesto en
encontradas correspondencias: amar o aborrecer   81

XVIII. Prosigue el mismo asunto y determina que prevalezca
la razón contra el gusto   83

XIX. Continúa el asunto y aun le expresa con más viva elegancia 85

XX. Enseña cómo un solo empleo en amar es razón y conveniencia 87

XXI. Alaba con especial acierto el de un músico primoroso   89

XXII. Contrapone el amor al fuego material y quiere achacar
remisiones a éste, con ocasión de contar el suceso de Porcia   91

XXIII. Engrandece el hecho de Lucrecia   93

XXIV. Nueva alabanza del mismo hecho   95

XXV. Refiere con ajuste la tragedia de Píramo y Tisbe   97

XXVI. Convaleciente de una enfermedad grave, discreta con
la señora virreina, marquesa de Mancera, atribuyendo a su
mucho amor aún su mejoría en morir   99

XXVII. En la muerte de la excelentísima señora marquesa de
Mancera (1674)   101

XXVIII. A lo mismo   103

XXIX. A la esperanza, escrito en uno de sus retratos   105

XXX. Atribuido a la poetisa   107

Redondillas   109

I. Que responde a un caballero que dijo ponerse hermosa la
mujer con querer bien   111

II. En que describe racionalmente los efectos irracionales del
Amor   113

III. Arguye de inconsecuencia el gusto y la censura de los
hombres, que en las mujeres acusan lo que acusan   119

IV. Enseña modo con que la Hermosura, solicitada de amor
importuno, pueda quedarse fuera de él, con entereza tan cortés
que haga bienquisto hasta el mismo desaire   123

Romances   127

I. Romance que resuelve con ingenuidad sobre problemas entre
las instancias de la obligación y el afecto   129

II. Acusa la hidropesía de mucha ciencia, que teme inútil, aun
para saber, y nociva para vivir   135

III. Discurre, con ingenuidad ingeniosa, sobre la pasión de los
celos. Muestra que su desorden es senda única para hallar al
amor y contradice un problema de don José Montoro, uno de
los más célebres poetas de este siglo   141

IV. Romance que en sentidos afectos produce el dolor de una
ausencia   155

V. En que expresa los efectos del Amor Divino, y propone
morir amante, a pesar de todo riesgo   161

VI. Al mismo intento   165

VII. A Cristo Sacramentado, día de comunión   167

Pinta la proporción hermosa de la excelentísima señora
condesa de Paredes, con otra de cuidados, elegantes

esdrújulos, que aún le remite desde México a su excelencia   169

Debió la Austeridad de acusarle tal vez el metro; y satisface
con el poco tiempo que empleaba en escribir a la Señora
Virreina las Pascuas   173

Endechas   175

I. Que expresan cultos conceptos de afecto singular   177

II. Que explican un ingenioso sentir de ausente y desdeñado   181

III. Consuelos seguros en el desengaño   183

IV. Demostrando afectos de un favorecido que se ausenta   185

V. Que prorrumpen en las voces de dolor al despedirse por una
ausencia   187

VI. Que discurren fantasías tristes de un ausente   191

Liras   195

I. Expresa el sentimiento que padece una mujer amante de su
marido muerto   197

II. Que expresa sentimiento de ausente   201

Glosas   205

Exhorta a conocer los bienes frágiles   207

Décimas   209

Esmera su respetuoso amor, habla con el retrato, y no calla
con él, dos veces dueño   211

Poemas sueltos   215

Pues estoy condenada   217

Estos versos lector mío   219

Cogióme sin prevención   223

Dime vencedor rapaz   227

Primero sueño   229

Villancicos   261

San Pedro Apóstol, 1683 (Villancico II)   263

Libros a la carta   267

Brevísima presentación

La vida

Sor Juana Inés de la Cruz (1651-1695). México.

Juana Inés de Asbaje y Ramírez de Santillana, nació el 12 de noviembre de 1651 en San Miguel de Nepantla, Amecameca. Era hija de padre vasco y madre mexicana.

Empezó a escribir a los ocho de edad una loa al Santísimo Sacramento. Aprendió latín en veinte lecciones, que le dictó el bachiller Martín de Olivas y a los dieciséis años ingresó en el Convento de Santa Teresa la Antigua y posteriormente en el de San Jerónimo.

En plena madurez literaria, criticó un sermón del padre Vieyra. Ello provocó que el obispo de Puebla, Manuel Fernández de Santa Cruz, le pidiera que abandonase la literatura y se dedicase por entero a la religión. Sor Juana se defendió en una epístola autobiográfica, en la que enarboló los derechos de la mujer y en su Respuesta a sor Filotea. No obstante, obedeció y renunció a su enorme su biblioteca, sus útiles científicos y sus instrumentos musicales. Murió el 17 de abril de 1695.

Introducción

La poetisa mexicana sor Juana Inés de la Cruz (1651-1695) tuvo en su tiempo fama extraordinaria en España y en América.

Sus obras circularon en muchas ediciones a fines del siglo XVII y principios del XVIII; todavía son universalmente conocidas las redondillas en defensa de la mujer:

> Hombres necios que acusáis
> a la mujer sin razón...

Hay en sor Juana rasgos de poesía superiores a las ingeniosas redondillas, como los sonetos «Detente, sombra de mi bien esquivo...», «Rosa Divina...», «Diuturna enfermedad de la esperanza...», o las *Liras que expresan sentimientos de ausente*, o los romances religiosos. Y su *Carta a sor Filotea de la Cruz* es uno de los más hermosos documentos autobiográficos que existen en castellano. Desgraciadamente, su obra es hoy de difícil acceso, excepto en México, donde el esfuerzo de eminentes sorjuanistas —Manuel Toussaint, Ermilo Abreu Gómez, Xavier Villaurrutia— la reimprime poco a poco en ediciones cuidadosas.

Marcelino Menéndez y Pelayo, insuperable maestro de la crítica española, dice de la poetisa mexicana:

«No parece gran elogio para sor Juana declararla superior a todos los poetas del reinado de Carlos II, época ciertamente infelicísima para las letras amenas, aunque no lo fuera tanto, ni con mucho, para otros ramos de nuestra cultura. Pero valga por lo que valga, nadie puede negarle esa palma en lo lírico, así como a Bances Candamo hay que otorgársela entre los dramáticos y a Solís entre los prosistas. No se juzgue a sor Juana por sus símbolos y jeroglíficos, por su *Neptuno alegórico*, por sus ensaladas y villancicos, por sus versos latinos rimados, por los innumerables rasgos de poesía trivial y casera de que están llenos los romances y décimas con que amenizaba los saraos de los virreyes marqués de Mancera y conde de Paredes. Todo esto no es más que un curioso documento para la historia de las costumbres coloniales y un claro testimonio de cómo la tiranía del medio ambiente puede llegar a pervertir las naturalezas más privilegiadas.

«Porque la de sor Juana lo fue indudablemente, y lo que más interesa en sus obras es el rarísimo fenómeno psicológico que ofrece la persona de su autora. Abundan en nuestra literatura los ejemplos de monjas escritoras, y no solo en asuntos místicos, sino en otros seculares y profanos: casi contemporánea de sor Juana fue la portuguesa sor Violante de Ceo, que en el talento poético la iguala y quizá la aventaja. Pero el ejemplo de curiosidad científica, universal y avasalladora que desde sus primeros años dominó a sor Juana y la hizo atropellar y vencer hasta el fin de sus días cuantos obstáculos le puso delante la preocupación o la costumbre, sin que fuesen parte a entibiarla ni ajenas represiones, ni escrúpulos propios, ni fervores ascéticos, ni disciplinas y cilicios después entró en religión, ni el tumulto y pompa de la vida mundana que llevó en su juventud, ni la nube de esperanzas y deseos que arrastraba detrás de sí en la corte virreinal de México, ni el amor humano que tan hondamente parece haber sentido, porque hay acentos en sus versos que no pueden venir de imitación literaria; ni el amor divino, único que finalmente bastó a llenar la inmensa capacidad de su alma, es algo tan nuevo, tan anormal y único, que, a no tener sus propias confesiones, escritas con tal candor y sencillez, parecería hipérbole desmedida de sus panegiristas. Ella es la que nos cuenta que aprendió a leer a los tres años; que a los seis o siete, cuando oyó decir que había universidades y escuelas en que se aprendían las ciencias, importunaba a su madre para que la enviase al Estudio de México, en hábito de varón: que aprendió el latín casi por sí propia, sin más base que veinte lecciones que recibió del bachiller Martín de Olivas. "Y era tan intenso mi cuidado —añade—, que siendo así que en las mujeres (y más en tan florida juventud) es tan apreciable el adorno natural del cabello, yo me cortaba de él cuatro o seis dedos, midiendo hasta donde llegaba antes e imponiéndome ley de que si cuando volviese a crecer hasta allí no sabía tal o tal cosa que me había propuesto aprender en tanto que crecía, me lo había de volver a cortar en pena de la rudeza..., que no me parecía razón que estuviese vestida de cabellos cabeza que estaba tan desnuda de noticias, que eran más apetecible adorno".

«En el palacio de la virreina, donde fue "desgraciada por discreta y perseguida por hermosa" sufrió a los diecisiete años examen público de todas facultades ante cuarenta profesores de la Universidad, teólogos, escriturarios, filósofos, matemáticos, humanistas, y a todos llenó de asombro. Su celda en el convento de San Jerónimo fue una especie de academia, llena de libros y de instrumentos músicos y matemáticos. Pero tan continua dedicación al estudio no a todos pareció compatible con el recogimiento de la vida claustral, y hubo una prelada "muy santa y muy cándida" (son palabras de sor Juana), que creyó que el estudio era cosa de Inquisición, y me mandó que no estudiase; yo la obedecía (unos tres meses que duró el poder ella mandar) en cuanto a no tomar libro: que en cuanto a no estudiar absolutamente, como no cae debajo de mi potestad, no lo pude hacer; porque, aunque no estudiaba en los libros, estudiaba en todas las cosas que Dios crió, sirviéndome ellas de letras, y de libros toda esta máquina universal".

«Fue mujer hermosísima, al decir de sus contemporáneos, y todavía puede colegirse por los retratos que acompañan a algunas de las primeras ediciones de sus obras, aunque tan ruda y toscamente grabados.[1] Fue además mujer vehemente y apasionadísima en sus afectos, y, sin necesidad de dar asenso a ridículas invenciones románticas, ni forjar novela alguna ofensiva a su decoro, difícil era que con tales condiciones dejase de amar y ser amada mientras vivió en el siglo. Es cierto que no hay más indicio que sus propios versos, pero éstos hablan con tal elocuencia, y con voces tales de pasión sincera y mal correspondida o torpemente burlada, tanto más penetrante cuanto más se destacan del fondo de una poesía amanerada y viciosa, que solo quien no esté acostumbrado a distinguir el legítimo acento de la emoción lírica podrá creer que se escribieron por pasatiempo de sociedad o para expresar afectos ajenos.

«Aquellos celos son verdaderos celos; verdaderas recriminaciones aquellas recriminaciones. Nunca, y menos en una escuela de dicción tan crespa y enmarañada, han podido simularse los afectos que tan limpia y sencillamente se expresan en las siguientes estrofas:

> Mas ¿cuándo, ¡ay gloria mía!,
> mereceré gozar tu luz serena?

---

1   En el Museo Provincial de Toledo existe un retrato de la poetisa, pintado en México en 1722 por Andrés de Isla. Está reproducido en el libro de don Amado Nervo *Juana de Asbaje* (1910). Supongo que este retrato procede de la colección del cardenal Lorenzana, que tantas curiosidades trajo de América. Lleva una curiosa leyenda, que también publica el señor Amado Nervo. En México se conserva otro procedente del convento de San Jerónimo, y que acaso haya servido de original al de Toledo. (N. del E.)

¿Cuándo llegará el día
que pongas dulce fin a tanta pena?
¿Cuándo veré tus ojos, dulce encanto,
y de los míos secarás el llanto?

    ¿Cuándo tu voz sonora
herirá mis oídos delicada,
y el alma que te adora,
de inundación de gozos anegada,
a recibirte con amante prisa
saldrá a los ojos desatada en risa?

    ¿Cuándo tu luz hermosa
revestirá de gloria mis sentidos?
¿Y cuándo yo dichosa
mis suspiros daré por bien perdidos
teniendo en poco el precio de mi llanto?
¡Que tanto ha de penar quien goza tanto!...

    Ven, pues, mi prenda amada,
que ya fallece mi cansada vida
de esta ausencia pesada;
ven, pues que mientras tarda tu venida,
aunque me cueste su verdor enojos,
regaré mi esperanza con mis ojos...

    Si ves el cielo claro,
tal es sencillez del alma mía,
y si, de azul avaro,
de tinieblas emboza el claro día,
es con su oscuridad y su inclemencia imagen
de mi vida en esta ausencia.

«No era, vano ensueño de la mente, ni menos alegoría o sombra de otro amor más alto, que solo más tarde invadió el alma de la poetisa, aquella *sombra de su bien esquivo*, a la cual quería detener con tan tiernas quejas:

> Si el imán de tus gracias atractivo
> sirve mi pecho de obediente acero,
> ¿para qué me enamoras lisonjero
> si has de burlarme luego fugitivo?
>
> Mas blasonar no puedes satisfecho
> de que triunfa en mí tu tiranía,
> que aunque dejas burlado el lazo estrecho
> que tu forma fantástica ceñía,
> si te labra prisión mi fantasía.

«Los versos de amor profano de sor Juana son de los más suaves y delicados que han salido de pluma de mujer. En los de arte mayor pueden encontrarse resabios de afectación; pero en el admirable romance de la *Ausencia*, que más bien pudiera llamarse de la *Despedida*, y en las redondillas en que describe los *efectos del amor*, todo o casi todo es espontáneo y salido del alma. Por eso acierta tantas veces sor Juana con la expresión feliz, con la expresión única, que es la verdadera piedra de toque de la sinceridad de la poesía afectiva.

«No es menor ésta en sus versos místicos, expresión de un estado muy diverso de su ánimo, nacidos sin duda de aquella reacción enérgica que dos años antes de su muerte llegó a su punto más agudo, moviéndola a vender para los pobres su librería de más de cuatro mil volúmenes, sus instrumentos de música y de ciencia, sus joyas y cuanto tenía en su celda, sin reservarse más que "tres libritos de devoción y muchos cilicios y disciplinas", tras de lo cual hizo confesión general, que duró muchos días, escribió y rubricó con su sangre dos Protestas de fe y una *petición causídica* al Tribunal Divino y comenzó a atormentar sus carnes tan dura y rigurosamente que sus superiores tuvieron que irle a la mano en el exceso de sus penitencias, porque "Juana Inés (dice el padre Núñez, confesor suyo) no corría en la virtud sino volaba". Su muerte fue corona de su vida: murió en una epidemia, asistiendo a sus hermanas.

«Lo más bello de sus poesías espirituales se encuentra, a nuestro juicio, en las canciones que intercala en el auto de *El divino Narciso*, llenas de oportunas imitaciones del Cantar de los Cantares y de otros lugares de la poesía bíblica. Tan bellas son, y tan limpias, por lo general, de afectación y culteranismo, que mucho más parecen del siglo XVI que del XVII, y más de algún discípulo de San Juan de la Cruz y de fray Luis de León que de una monja ultramarina cuyos versos se imprimían con el rótulo de *Inundación Castálida*. Tales prodigios obraban en esta humilde religiosa, así como en otras monjas casi contemporáneas suyas (sor Gregoria de Santa Teresa, sor María do Ceo, etc.), la pureza y elevación del sentido espiritual, y un cierto género de tradición literaria sana y de buen gusto, conservada por la lectura de los libros de devoción del siglo anterior. Pero en sor Juana es doblemente de alabar esto, porque a diferencia de otras esposas del Señor, en cuyos oídos rara vez habían resonado los acentos de la poesía profana, y a cuyo sosegado retiro muy difícilmente podía llegar el contagio del mal gusto, ella, por el contrario, vivió siempre en medio de la vida literaria, en comunicación epistolar con doctores y poetas de la Península, de los más enfáticos y pedantes, y en trato diario con los de México, que todavía exageraban las aberraciones de su modelos. De fijo que todos ellos admiraban mucho más a sor Juana cuando en su fantasía del Sueño se ponía a imitar las *Soledades* de Góngora, resultando más inaccesibles que su modelo, o cuando en el *Neptuno alegórico, Océano de colores, Simulacro político* apuraba el magín discurriendo emblemas disparatados para los arcos de triunfo con que había de ser festejada la entrada del virrey conde de Paredes, que cuando en un humilde romance exclamaba con tan luminosa intuición de lo divino:

> Para ver los corazones
> no has menester asistirlos,
> que para ti son patentes
> las entrañas del abismo».

Karl Vossler, gran maestro de la filosofía romántica, dice en su reciente ensayo *La décima musa de México* (1934):

«En la época de descenso de una cultura aparecen, con más frecuencia que en otros tiempos, personalidades que, aunque brillan, ya no realizan nada decisivo. Son como un juego de colores en el cielo nocturno... Así, el idioma español aparece, a fines del siglo XVII, excepcionalmente rico en tales figuras de encanto crepuscular. Calderón de la Barca puede estimarse como el más grande de esta especie. Su fuerza luminosa se refleja aun en el despertar de la España actual. Menos fuerte y menos conocida —el sentido de la historia del espíritu—, rara, sumamente instructiva, se me aparece a su lado la poesía de la monja mexicana sor Juana Inés de la Cruz. Su cultura teológica y literaria, su arte todo, pertenecen al barroco español y revelan lo afectado, el rasgo marchito de tiempos tardíos; no obstante, en su resuelto modo de vivir y en el afán infatigable de querer comunicarse se siente la frescura juvenil de la altiplanicie mexicana.

«En la falda de los dos grandes volcanes, la Montaña Humeante y la Mujer Blanca —Popocatépetl e Iztaccihuatl—, en una alquería de cierta importancia llamada San Miguel de Nepantla, a sesenta kilómetros de la capital, nació en la noche del 12 de noviembre de 1651 Juana Inés, segunda hija del marino don Pedro Manuel de Asbaje y Vargas Machuca, quien había llegado, un año antes, de Vergara, pequeña ciudad vasca, y contraído matrimonio con doña Isabel Ramírez de Santillana, criolla mexicana. Juana Inés adoptó en vez del apellido paterno —Asbaje— el de su madre —Ramírez—, porque así se mostraba mucho más mexicana... Fue una niña prodigio; ella misma nos cuenta, con su presumida modestia, en su larga carta del 1 de marzo de 1691 a sor Filotea —es decir, al obispo Manuel Fernández de Santa Cruz, oculto bajo ese nombre de monja—, los más extraños actos de su sed de saber. A los tres años, afirma, había aprendido a leer y a escribir, a escondidas de su madre. Renuncia al placer de comer queso, aunque le gustaba mucho, porque oyó decir que, comiéndolo, se volvería tonta.

«A los ocho años —según nos cuenta el padre jesuita Diego Calleja— compuso una loa, en ocasión de una fiesta del culto en la vecina población de Amecameca. El sueño de su infancia fue estudiar en la Universidad en traje de hombre. Mantiene a sus padres intranquilos, hasta que la envían a la capital, al lado de su abuelo, cuya biblioteca, sin cuidarse de seleccionarla, devora íntegra; aprende latín con violento afán; corta sus hermosos cabellos castaños para sujetarse a un más rápido dominio de la gramática, "pues me parece inconveniente —escribe en aquella carta— que una cabeza vacía lleve adorno tan rico". Muy pronto llegan hasta oídos del virrey y marqués de Mancera los rumores de su belleza extraordinaria, de sus aspiraciones y facultades, y a los trece años es recibida en la corte como dama de compañía de la virreina. Un día, para investigar de qué índole es su saber —un aprendizaje o una revelación—, cuarenta eruditos la someten a un examen riguroso de preguntas, respuestas y contrapruebas. "Se defendía —palabras textuales del virrey— como una galera real en medio de un tropel de chalupas." En la brillante corte, exageradora del estilo colonial hasta la fanfarronería —tenía que suceder—, los artistas la elogiaban y los galanes caballeros la cortejaban, perseguían y asediaban. Tampoco están excluidos de su vida los desengaños de amor y las vanidades. De todo esto encontramos vestigios en los versos de Juana, los cuales se deben interpretar, con respecto a su vida, con la más grande reserva.

«Para la total negación que tenía al matrimonio —decía— el camino del convento era el único conveniente. Antes de cumplir los dieciséis años —14 de agosto de 1667—, entra como religiosa novicia en el convento de San José, que entonces pertenecía a la Orden de las Carmelitas Descalzas. Su salud, insuficiente para soportar los requisitos del convento, la obligó a retornar, después de tres meses, al engranaje mundanal; enseguida, a exhortación de su confesor, el jesuita Antonio Núñez de Miranda, el 24 de febrero de 1669, en presencia de la corte virreinal, del alto clero y del mundo distinguido, toma el velo de la Hermandad de San Jerónimo, en un convento —hermoso edificio— en uno de los extremos al sur de la ciudad.

«Importantes visitas, pláticas intelectuales, conversaciones literarias, representaciones dramáticas y musicales, ante un selecto público urbano, no son excepciones en el locutorio de las religiosas del convento. Allí resplandece la gracia de sor Juana, serena y espiritual, a tal grado que su severo confesor, al correr de los años, llegó a sentir escrúpulos crecientes.

«Cuando, en el año de 1680, un nuevo virrey, el conde de Paredes, hace su entrada triunfal en México, con su esposa María Luisa de Gonzaga, sor Juana fue escogida por el cabildo de la Iglesia Metropolitana para idear un arco triunfal con figuras, cuadros místicos y alegóricos, inscripciones, sentencias latinas y españolas. Cumple con su comisión, glorificando al nuevo mandatario en figura de Neptuno, con una pompa inmensa, erudición y lisonjas cortesanas, fundando esta identificación tan sutil con muchas citas altisonantes. "Un hijo de Saturno, qué otra cosa puede significar que haber surgido del tronco de la dinastía española, de la cual han nacido tantas divinidades terrenales." El arco, dividido en tres alas de treinta varas de alto por dieciséis de ancho, ornado de columnas, estatuas, máscaras y ocho cuadros, se erigió en el portal oeste de la magnífica catedral, terminada apenas doce años antes (la construcción duró un siglo). La poetisa recibió por su colaboración un presente monetario, y expresó su agradecimiento, graciosamente, en cuatro décimas.

«Apenas había una fiesta en las iglesias y conventos de México, Puebla y Oajaca, o en la Universidad; apenas se festejaban acontecimientos de la vieja o de la Nueva España; apenas se quería rendir homenaje a los príncipes de la Iglesia; apenas había una ordenación o toma de hábito, se solicitaba que sor Juana contribuyera con versos u obras dramáticas. Ella se expresa siempre con bullente plenitud: el verso fluye más fácilmente de su pluma que la prosa. Pueden —dice ella— aplicársele las palabras de Ovidio: "Quidquid conabar dicere versus erat" y no se había visto jamás, suya, una sola "copla indecente". Tampoco he compuesto nunca —decía— de propia voluntad, sino siempre a ruegos o a encargo de otros, y únicamente puedo recordar algunas cosas que escribí de propio impulso, como el *Sueño*. Este poema del *Sueño* es, como veremos, una obra maestra. Pero este espíritu hábil, sin embargo, no alcanzaba la virtuosidad de un Lope de Vega, no se ajustaba de ningún modo a su lírica impersonal-personal. Sor Juana tuvo además un ansia de aprender, una dicha de saber; y fue aguda, de una casi impertinente inteligencia. Rasgos racionalistas hay en su pensamiento, al cual, para llegar a ser peligroso le falta tan solo perseverancia y método. Asimismo se lamenta de cómo la vida conventual penetra en su espíritu, interrumpiéndola diversamente. Cuando una abadesa severa o el médico le prohíben los estudios, se pone aún más nerviosa. Además, tiene a su cargo, como se deduce por la inscripción de uno de sus retratos, durante nueve años, la contaduría del convento, la cual desempeña a veces —según se cuenta— hasta con heroísmo. También fue administradora del archivo. La elección de abadesa —es verdad— la declinó dos veces.

«Como no fue ella quien hizo imprimir sus trabajos, y como, con castiza indolencia española, le gustaba hacerse suplicar y hostigar, muchos de ellos se han perdido; entre otros, un compendio de armonía musical: *El caracol*. Se basaba en la teoría de Guido de Arezzo; así podemos inferirlo en sus *Letras* (dramáticas) *al cumpleaños* de la condesa Elvira de Galve, virreina desde 1668. En esta pieza, la Dama Música, rodeada de las notas Ut, Re, Mi, Fa, Sol, La, anuncia, entre otras cosas, una ampliación sinestésica de la teoría armónica. Así vierte ella a los pies de la princesa los filosofemas, mezclados de juegos de palabras, de conceptos y homenajes cortesanos. Sin plan, infatigable y autodidacta, casi se podría decir insaciable filibustera, se aferra violentamente a su saber y lo manifiesta en cualquier ocasión. Nada didáctico para lucirse, sino, ante todo, para alegrar, consolar y sorprender y, si era necesario, asombrar. Amaba todas las ciencias con una fresca manera femenina, como se aman delicias y aventuras, y expresaba lo que sentía. Probablemente este significado tendría su escrito sobre *El equilibrio moral*, tratado —según parece— sustraído de México desde 1847, con otros manuscritos, por un general norteamericano, y extraviado desde entonces.

«Para comprender el interés y el apasionado ardor con que sor Juana emprende su cacería de extrañas asociaciones de ideas, a través de libros, no es suficiente pensar en la ostentación del saber y la polimática del barroco, en boga por toda Europa y, sobre todo, en la Compañía de Jesús, en las postrimerías del siglo XVIII, para cuya satisfacción se confeccionaban numerosas enciclopedias. Hay que tomar en consideración que sor Juana vivió en un país colonial, alejada de las bibliotecas europeas, en donde no había absolutamente ningún interés por los estudios femeninos, y las personas más allegadas a ella, como sus padres, monjas, superioras y, sobre todo, su confesor, severo —aunque excelente—, iban poniendo siempre nuevos obstáculos, cada vez mayores, a su avidez de instruirse, aumentándola a la vez. Por otra parte, llegaban a su celda, de la corte mexicana, así como de todos los círculos intelectuales europeos e hispano-americanos, elogios, obsequios, invitaciones para correspondencias literarias y otras muestras de admiración. Ella debía tener de sí misma la impresión de que era un pájaro milagroso, prisionero, cuyo vuelo temblaba hacia la lejanía. La fama de su belleza aumentaba la de sus conocimientos y facultades. Para unos llega a ser un fénix; para otros un escándalo. El padre Antonio, que tenía temores respecto de la salvación de su alma, parece haber dicho: Dios no podía haber enviado un azote más grande al país que dejar a Juana Inés en los círculos mundanos. Más tarde, cuando ya había vivido y servido largos años en el claustro, sin poder renunciar a las ciencias y a las artes, le retiró su auxilio espiritual, dejándola sufrir dos años bajo la presión de su silencio desaprobador.

«Cometió su más grande audacia —no a nuestros ojos sino a los de entonces—, en el año 1690, con su crítica a uno de los sermones del padre jesuita Antonio de Vieira (1608-1697), célebre por sus prédicas, en aquel tiempo, en todo el círculo cultural hispanoportugués.

«Juana había escrito su crítica a petición de un caballero muy considerado, y es sabido que no fue ella, sino el obispo de Puebla, quien mandó imprimir la controversia, sin miramientos, a pesar de su estimación por Vieira. Su manera fina, agresiva, meditada y apasionada de descubrir los sofismas ingeniosos del predicador, y contestarlos metódicamente, suscita gran sensación, y, entre los teólogos, especialmente los jesuitas, cierta perplejidad y aun descontento, pues se trata de nada menos que de las "mayores finezas de Cristo"; es decir, de lo que constituía en realidad las mayores pruebas de amor del Salvador hacia la humanidad. El hecho de que una monja pudiera rivalizar con el maestro de los predicadores, el gran misionero del Brasil, confesor del rey de Portugal y de la reina Cristina de Suecia, y que incluso llevara ventaja en el tema, era inaudito. Aunque las objeciones no faltan, no queremos entrar en los detalles teológicos de la polémica, sino acentuar solamente el punto principal. Sor Juana defendía, rápida, tan ortodoxa como decididamente, los límites entre Dios y el hombre, la diferencia entre amor divino y amor humano, rehusando cualquier mezcla mística o conceptista. Este hecho es fundamental para comprender su personalidad y su poesía. No se debe tomar a sor Juana, como sucede frecuentemente, por una visionaria. En su profesión de fe, ortodoxa; en sus ideas, clara y segura; en la norma de su vida, pura y fiel a su deber, recorría su difícil camino. En las postrimerías del siglo XVII sobrevinieron años tristes y tormentosos en México. En el norte se levantaban los indios, aniquilando o dispersando las misiones cristianas. Piratas en la costa, insurgentes en el interior, y pronto también en la capital, esparcían rumores de inseguridad. El tráfico se estancaba, las carreteras se enfangaban, la carestía se generalizaba; los indígenas, desesperados, volvían a inmolar víctimas humanas a sus viejos dioses. El virrey, conde Galve, inseguro de su vida, abandonaba el palacio, atropellado por la muchedumbre, y se escondía en el convento de San Francisco. El 8 de junio de 1692 los edificios del Cabildo y del Archivo del Estado eran incendiados. Cruel y sanguinariamente se reprimió la rebelión. En el ardiente verano de ese año se podían ver diariamente flagelaciones públicas, degollaciones, procesiones expiatorias pasando frente a las iglesias cerradas. Las enfermedades se propagaban, cortejos fúnebres interminables pululaban a través de la ciudad y muchos de los admiradores, amigos, hermanos conventuales y parientes de sor Juana perecían.

«No era extraordinario que, bajo esas impresiones, renunciara a toda fruslería exterior; a sus estudios, joyas, figulinas y regalos, con los cuales la sociedad cortesana la había colmado, y aun el más amado consuelo de su celda, su "quita pesares" es decir, su biblioteca, compuesta de cuatro mil volúmenes, sus instrumentos astronómicos y musicales, todo eso lo entregó al arzobispo de México (Aguiar) para que lo vendiera y repartiera entre los pobres el importe. Se castigaba tan duramente que el profesor tenía que aconsejarle moderación. Cuando la peste surge en el convento se dedica al cuidado de las enfermas, hasta que ella misma sucumbió en la mañana del 17 de abril de 1695.

«Conservamos de ella tres retratos, en técnica distinta. Muestran una cara franca, regular y fina: siempre en el hábito de su Orden; con libros y utensilios de escribir; ora de pie, de medio cuerpo o en la gracia de su esbelta figura. En el cuadro del Museo Providencial de Toledo, copia hecha en México en 1772, se lee un soneto que no se encuentra en sus obras impresas, pero que expresa perfectamente, si no nos engañamos, el ambiente de los últimos años de su vida y la conciencia clara de su renunciamiento.

«Si la renuncia a toda esperanza terrenal es, en realidad, decidida, ¿podía serlo en un espíritu claro y móvil como el de sor Juana? ¿No habrá permanecido a su lado, por lo menos, la hermana menor de la esperanza —como Goethe la llamaba—, la fantasía? En el escritorio de la finada se encontraba todavía inconcluso un largo romance *a las insuperables plumas europeas que habían alabado sobremanera sus obras*. Mitad lisonjeada, mitad divertida, amonesta a sus admiradores: ella es una mujer ignorante, de estudios desordenados y pocas capacidades. ¿Acaso los condimentos de su tierra habían vertido un perfume mágico en sus versos? Esta glorificación es para ella perturbadora y avergonzante, porque seguramente va dirigida a una imagen ideal en la cual la habían convertido los intelectuales europeos; o aun más: se dirigía solo a la feminidad, no era otra cosa que galantería espiritual. La idea de su gloria literaria la preocupaba en su celda y era para ella como un cosquilleo siempre renovado, en parte agradable, en parte molesto. De un modo asaz espiritual y coqueto bromea en un romance a un extraño caballero, quien, inspirándose en un poema del *Sueño*, la había saludado como al fénix de los poetas; igualmente, en otro romance al poeta residente en el Perú, don Luis Antonio de Oviedo y Herrera, conde de la Granja, así como en la comedia *Los empeños de una casa*, deja entrever, en las palabras y la actitud de la protagonista, doña Leonora, algo de las preocupaciones de la bella y sabia señorita en cuanto a la gloria y la admiración. Entre el segundo y el tercer actos de esta comedia, Juana intercala una pieza burlesca, en la cual dos actores graciosos y ociosos (uno de los cuales no puede pronunciar la *s* sibilante) critican como aburrida la obra que está representándose. El de las eses opina que hubiera sido mejor representar algo de Calderón, Moreto o Rojas; o repetir la buena interpretación de *La Celestina*, que con estar hecha de paño malo y de bueno, siempre resultaría más divertida que esa obra de principiante, sin fin y sin plan, ya que en general las comedias españolas eran más ágiles que las mexicanas. Y entonces empieza, acompañado de canciones, gritos y lamentos del autor, un silbar estruendoso. Así, tan graciosamente, supo Juana burlarse de sí misma, colocándose simultáneamente en una misma fila con los entonces más famosos dramaturgos españoles. Considerando éstas y otras parecidas autocríticas, directas e indirectas, nunca considera las aprobaciones y éxitos como algo natural y aun merecido, a los cuales tenía derecho (carta del 1 de marzo de 1691). Siempre está sorprendida de esto y apenas puede tranquilizarse. No era vanidad; el estudio y la poesía la conducían de la mano fácilmente, como si fuera la cosa más natural del mundo, y el aplauso venía automática y unánimemente; así se explica que se viera siempre ante un misterio: el misterio de su propio talento. Casi lo mismo sucedió a sus admiradores, quienes encontraban a veces magníficas expresiones para caracterizar cada situación.

«En nuestro concepto, también Juana Inés es una niña prodigio, y su gloria rápida y ruidosa a uno y otro lado del océano un milagro de enlace espiritual entre la colonia y la tierra materna (sin cable, sin radio, hubo una mutua comprensión dentro del mundo cultural español, mientras los de hoy solo nos comunicamos con el extranjero).

«Juana era una virtuosa innata: no se puede demostrar en ella un desenvolvimiento metódico. El primer poema suyo cuya fecha podemos determinar con seguridad, el soneto "Suspende, cantor cisne, el dulce acento" del año 1668, nos muestra a la muchacha, que todavía no cumple diecisiete años, en pleno dominio del difícil estilo culterano. Desde el principio está a la altura de cualquier tema, igualmente bien versada en todos los estilos y métricas de la literatura española. Tanto se acerca a sus más importantes modelos en el gran arte, Góngora y Calderón, o al estilo popular eclesiástico de los romances clericales, villancicos, endechas, ensaladillas, al modo de Castillejos, Valdivieso, Lope de Vega, o la manera burlesca de Polo de Medina, que resulta difícil desprender su nota personal. En lo externo se distingue más bien por su temperamento femenino y su tendencia hacia formas mixtas y sueltas, por sus improvisaciones, a estilo de conversación, que por un trabajo concentrado. La primera obra importante, *Los empeños de una casa*, podría ser de un imitador cualquiera de Calderón, a pesar de su gracia y frescura.

«La comedia mitológicogalante, antiguobarroca, *Amor es más laberinto*, escrita en colaboración con su primo el licenciado Juan de Guevara, no tiene ningún estilo, y, como Juana misma confiesa al final de la obra, "contra el genio fue hecha de encargo". Los autos sacramentales *San Hermenegildo* y *El cetro de José* no muestran mucho más que la habilidad usual, conceptista en especulaciones teológicas.

«Su manera especial y propia se aprecia mejor en el poema *Primer sueño*, escrito a la edad de treinta y cinco a cuarenta años, no solamente para imitar y competir con Góngora, sino, ante todo, para llamar la atención... El poema, compuesto de novecientos setenta y cinco endecasílabos, en silva, se desarrolla sin cortes bien marcados, sin interrupción, como un verdadero sueño. El curso de ideas zigzaguea de motivo en motivo, en inversiones audaces, circunloquios y metáforas. El lector se enhebra de tal manera en el tejido artificioso que, ya corriendo hacia adelante, ya mirando hacia atrás, va y vuelve por todos lados en este laberinto donde queda preso, hasta que, de golpe, se rompe el encanto mágico y no queda nada en las manos, sino el resultado racional, como un montoncito de ceniza.

«Para dar una impresión, la menos vaga, nada me parece tan apropiado como la reproducción abreviada y explicativa, es decir, una síntesis analítica.

«La sombra piramidal de la Tierra envía su ángulo nocturno al espacio astral, pero no llega más allá de la esfera del cielo lunar. Dentro de su oscuro reino nebuloso impera el silencio. Solo se escuchan las leves voces de las aves nocturnas y su vuelo. El vuelo reposado y el canto de la huraña Nictímene: la lechuza acecha en la puerta entreabierta del templo o en los huecos de la ventana para penetrar y beber el aceite de la santa y eterna llama, que profana y apaga. Las hijas de Minias, murciélagos, entonan juntas, en bandada, con el búho traidor de Plutón, una canción nocturna, pretérita y actual; Harpócrates, divinidad egipcia del silencio, con el dedo en la boca impone el silencio. El viento se apaga, el perro duerme, nada se mueve. La cuna del mar, donde reposan el sol y los peces, dos veces enmudecida, apenas se balancea. En las cuevas y barrancas escondidas de la montaña los animales, tanto los tenebrosos como los temerarios, sucumben a una misma ley de sueño. El rey alerta, Acteón, el cazador, convertido en ciervo fugaz, reposa en el bosque: los ojos abiertos, soñoliento; ya está durmiendo, pero aun en sueños endereza las inquietas orejas al menor ruido. En la maleza, el nido tembloroso, lleno de los hijos durmientes del aire inmóvil, está tranquilo. El águila de Júpiter, recelosa de la paz, se balancea cautelosamente en una pata, para no adormecerse, sosteniendo en la garra levantada una piedra reloj que le mide el tiempo de reposo. Una órbita eterna y un ramo dorado de penas son la corona del monarca.

«Ahora todo duerme y reposa, aun el ladrón y el amante. La medianoche se inclina, y la naturaleza, constante en la mutación, descansa de penas y gozos. Y todos los mortales, desde el Papa y el emperador, están, los miembros distendidos, los sentidos en suspenso, en un estado parecido a la muerte. Morfeo, hermano de la muerte, a todos los iguala. El alma, libre de sus negocios exteriores, se concentra en sí y manda tan solo calor vegetativo a los miembros cansados; el cuerpo, cadáver con alma, aparentemente muerto, está animado por pequeñas y rítmicas señales de vida: corazón y pulmones trabajan con regularidad, sosteniendo la vida en rescoldo; los sentidos, tan solo en actitud defensiva contra el mundo exterior; la lengua, paralizada, y el taller de la alimentación, donde se regula segura y minuciosamente la digestión, deja apenas negar algunos humores ligeros y depurados al cerebro. Así, las imágenes de la fantasía y los pensamientos se purifican, y la imaginación se libera y representa las cosas tales como en el espejo del faro de Pharos, que, hasta la lejanía inconmensurable, abarca todos los buques de la planicie pulida del mar: su número, su tamaño y su curso ondeante. Ahora la fantasía, calmada, pinta, con el invisible lápiz espiritual, las imágenes de todas las cosas, los colores y contornos de todas las criaturas bajo la luna, y aun de los seres ficticios de los astros, representándolos plásticamente ante la luna, que ya los contempla casi inmateriales, formando parte de aquella existencia elevada: una chispa alegre, despedida de la cadena pesante de los cuerpos, y libre, mira las enormes bóvedas celestes en su órbita rítmica. Su fantasía siente como si estuviese en la cumbre de una montaña más alta que el Atlas, que el Olimpo; allá donde la nube se deshace y el águila no llega, más alto que todos los edificios artificiosos y audaces de las pirámides egipcias; se empuja a sí mismo hasta el reino luminoso, invisible y sin sombras, para desplomarse luego. Las pirámides —las cuales relata Homero, son únicamente símbolos terrenales del alma en ascenso, que aspira hacia el cielo, como la llama ambiciosa que se estira al encuentro de la primera causa—, estos edificios fabulosos, y la torre de Babilonia, cuyo testimonio es, todavía hoy, la confusión de lenguas, serían grados inferiores en comparación con la pirámide espiritual, a cuya cúspide el alma se ve trasplantada, no se sabe cómo, porque se cierne sobre sí misma, zambulléndose asombrada y orgullosa en nuevas regiones, y dirigiendo libremente la mirada espiritual, que todo lo penetra, sobre la creación, cuyos tropeles hormigueantes se manifiestan al ojo, pero no al entendimiento, que, intimidado por la fuerza de las cosas, retrocede, mientras la mirada audaz no se deja limitar: se atreve a contemplar el sol y se hunde en sus propias lágrimas. Pero el entendimiento, colmado de la fuerza y de la multitud de las apariciones y de sus variantes, queda vacío en medio de la plenitud, escudriñando sin seleccionar y cegándose a la vista del todo Embotado, ya no distingue nada en la vasta unidad de las partes, derramada de polo a polo; ni siquiera los miembros de su propio cuerpo, unidos conscientemente. Pero así como el ojo, acostumbrado a la oscuridad, atacado y cegado por una luz súbita, se protege para adaptarse poco a poco, apela a la oscuridad en la lucha contra la luz, y se procura, de vez en cuando, la sombra de la mano para que se fortifique paulatinamente la fuerza visual —método curativo inteligente y natural de los antídotos, por el cual médicos de experiencia intuitiva protegen al cuerpo, sacando provecho de lo dañoso—, así el alma se rehace de su asombro distraído, de su incapacidad de captar y conservar, entre la realidad agitada, algo siquiera que llegue a concentrarse. Repliega las velas, escarmentada por el naufragio, y procura ordenar las cosas, pieza por pieza, separadamente, en diez categorías metafísicas, y, fracasada su intención, se ase a lo abstracto y trepa displicentemente de concepto en concepto. Así, mi entendimiento trata de subir, metódicamente, de lo inorgánico a la húmeda flora, a los seres que sienten y se preocupan, y aun a la criatura más perfecta de la tierra que llega hasta el cielo, y a quien el polvo cierra la boca, con la frente de oro y el pie de barro. Así subo los escalones de la escalera; luego vuelvo a desistir, porque no entiendo la más pequeña, la más leve maniobra de la naturaleza, ni el laberinto de la fuente sonriente, ni las bahías del abismo, ni los prados de Ceres, ni el cáliz colorido, ni el perfume de la flor, modelo de coquetería y seducción femeninas.

«Si el entendimiento queda burlado por una sola cosa, pienso tímidamente cómo puedo examinar toda la inmensa maquinaria, cuyo peso doblegaría a un Atlas o a Heracles si reposara en sí mismo. Y sin embargo, una audacia como la de Faetón provoca y azuza el espíritu ambicioso en lugar de asustarlo. Contagio peligroso de ejemplos osados. Tambaleando entre los imposibles, ya hacia este ya hacia aquel lado, el alimento dentro de mí se ha ido gastando. El sueño declina, y los miembros hambrientos y cansados por el esfuerzo, aun entre el despertar y el sueño, van desperezándose, medio torpes todavía; las pestañas se contraen; las quimeras se esfuman, huyen de la cabeza, deslizándose como las dóciles figuras, hechas de luz y sombras, de la linterna mágica, en la pantalla blanca.

«Ya se acerca el otro, el portador puntual del día, despidiéndose de los rayos crepusculares de los antípodas. Al despedirse de allá nos sonrosa aquí la mañana. Venus, precediéndole, irrumpe en el primer alba, y la esposa del viejo Titón, la resplandeciente amazona, armada de rayos y rociada de lágrimas, enseña la frente coronada y juega, amena y audazmente, adelantándose a la ardiente estrella del día. En torno a ella se juntan tímidos claroscuros, y a lo lejos los más fuertes resplandores, para empujar a la enemiga del día, autoritaria y ensombrecida de laureles. Apenas hace ondear Aurora su bandera, despertando suaves y traviesas voces de pájaros, la tirana cobarde, embozada en su capa protectora contra los rayos calcinantes se vuelve para huir con miedo mal escondido, juntando con una oscura clarinada a los negros escuadrones para la retirada; y ya está herida por los haces de rayos, y la puerta de las más altas torres principia a enrojecer. El sol está allí, el círculo de oro cerrado. Líneas luminosas atraviesan lo azul; se precipitan las sombras nocturnas, dispersas, perseguidas hasta el ocaso, y más allá recuperan aliento para un nuevo dominio, mientras el lado nuestro, dorado por los bucles del sol, se hace lúcido y claro; y las cosas ordenadas están de nuevo allá visiblemente coloridas, y los sentidos se vuelven, decididos hacia afuera, hacia la tierra definitivamente esclarecida, y estoy despierta.

«El motivo fundamental del poema todo se destaca perfectamente. Yo lo resumiría diciendo que es un asombro ante el misterio cósmico de los fenómenos, hombre y mundo. Un asombro que no es infantil, sino más bien consciente, y contempla las cosas de todos los días, demasiado conocidas, a través de nuevas fuerzas decididas a la exploración, y, sin embargo, insuficientes. Es el grado precedente a la educación y a la ciencia, una lucha con el enigma de la naturaleza y un sucumbir ante lo desmesurado del problema y del tema. Con recursos audaces y seudoexactos de pensamiento y lenguaje, se tratan los sucesos fisiológicos del sueño, de las actividades del corazón y los pulmones, de la digestión y de la alimentación del cerebro, y se describen métodos curativos, experimentos de proyección, fenómenos astronómicos y meteorológicos, y otros asuntos, de un modo mitad científico, mitad fantástico. Concepto y percepción estimulan en esfuerzos crecientes, excitados y funambulescos, no pudiendo calmarse ni en la crítica, ni en la humilde autorresignación, ni en la entrega mística, sino solo en el agotamiento, es decir, en la claridad de la mañana.

«Asombrarse y asombrar era el programa consciente de la poesía barroca; pero aquí ha llegado a ser un estado de ánimo real y, por decirlo así, legítimo, una sensación poética y un motivo fértil. Lo que poetas europeos de aquella época se proponían con intención glacial y efectista, como Marino, y lo que se exigían, por desilusión o afectación, con un afán estetizante, como Luis de Góngora, modelo inmediato de sor Juana, aquí viene de una necesidad psíquica ineludible y se aligera en una poesía que, aunque parezca en los detalles artificial, embrollada y recargada, es un logro poderoso y bien realizado. El esquema, gastado, medieval, del sueño didáctico, se rejuvenece en esta lírica del despierto anhelo de investigar, y señala hacia adelante, la poesía iluminada. Se piensa en Albrecht von Haller. Hasta se advierten las primeras leves sugestiones de ambientes prometeicos y fáusticos. ¿Cómo es posible que sonidos tan preñados de futuro salgan de pronto de un convento mexicano de monjas?

«El espíritu sopla donde quiere, pero no sin ciertas con-
diciones. Estas condiciones de indispensable conocimiento
son el hecho de que el imperio español, su centro cultural,
su dirección, hacia fines del siglo XVII comenzaba a entu-
mecerse. En tierra europea española, en Madrid, Toledo o
Salamanca, se poseían ya, desde siglos, todos los tesoros de
la cultura, que nuestra poetisa, en México, tenía que apro-
piarse penosamente y casi con violencia, atenida a sus pro-
pias fuerzas. La frescura de un ansia de saber, su placer en
teorías anticuadas desde hace mucho tiempo, como, por
ejemplo, el sistema cósmico ptolomeico; su curiosidad por
la mitología antigua y, al mismo tiempo, por la física mo-
derna, por Aristóteles y por Harvey, por las ideas de Platón
y la linterna mágica de Kircher; su afán ingenuo y sin selec-
ción y, aventuremos la expresión, su "dilettantismo" intui-
tivo, no hubieran prosperado en las universidades pedantes
y temerosamente dogmáticas de la vieja España. El arte ba-
rroco español de los últimos tiempos quería deslumbrar al
mundo todo, hastiado y cansado. La poesía de sor Juana es
el asombro del espíritu que despierta, hambriento, y se es-
fuerza en su ansia de saber. Por tanto, usa el adorno culte-
rano solo excepcionalmente, cuando quiere rivalizar, en
una emulación de festival, con otros poetas, como en su
elogio al *Trofeo de la justicia española*, de Sigüenza (1691).
En lo demás, evita el estilo erudito y oscuro, lo cual es aún
más notable cuando la manía gongorina se había apodera-
do de toda la cultura del México de aquel entonces, donde
se leían, comentaban o imitaban y se aprendían de memo-
ria las *Soledades* y el *Polifemo*. En general, Juana escribe en
lenguaje transparente y fluido, aunque no el de todos los
días, ni el del sensualismo plástico y colorido, sino el pican-
te, conceptuoso y dialéctico de la conversación espiritual;
todo lo que veo —dice ella— evoca reflejos; lo que oigo,

meditaciones, aun la más mezquina cosa material... Adonde miro, tengo de qué asombrarme y discurrir; en la conversación con la gente, sobre sus palabras y la diferencia de sus talentos y temperamentos; en nuestro gran dormitorio, sobre la perspectiva y la aproximación mutua de las líneas; sobre las curvas que describe el trompo de los niños; jugando sobre triángulos hechos de alfileres, especulaba desde el punto de vista geométrico y teológico y aun sobre reacciones de huevos, mantequilla y azúcar, en el brasero. Se eleva sobre la vida diaria, ya racionalmente, ya juguetona o edificante; y también prefiere, en su expresión, lo gracioso y precioso, el juego de palabras, "la pointe" las comparaciones y contrastes abruptos. Su alegría clara, su zaherir verboso, pero sin malicia, desentraña en todas partes lo irracional, haciéndolo relucir; su modo de escribir, suelto y descuidado, se burla del espíritu, lo avergüenza y lo aguijonea, haciendo resonar variadas reminiscencias: tal es su carácter. Así están de acuerdo su predilección por el romance y por el cambio de formas —y hay tantas en la literatura española—; pasa de la conversación al canto y de la lógica a la imaginación. Se expresa muy elocuente y graciosamente en felicitaciones poéticas y semipoéticas: agradecimientos, homenajes, cumplimientos, ternuras, celos, galanterías y despedidas, y a veces apenas es posible distinguir las ocasiones fingidas de las reales. Lo más de esta poesía festiva suena como pasajes brillantes a ingeniosos de una comedia; se podrían poner en boca de este o aquel personaje: tan grande es, de un lado, su desinterés, y del otro, el entusiasmo vivo con que se presentan. De esta categoría son también las famosas redondillas, versos en los cuales el bello sexo se defiende contra los hombres, y que todavía figuran en todas las antologías de poesía española e hispanoamericana como resto picante de la gloria marchita de sor Juana.

Pero no toda su poesía está tejida en tela tan ligera. Asombro y juegos ingeniosos no duran siempre, y si duran, conducen a una soledad del alma. A pesar del estado claustral, y justamente a causa de él, sor Juana necesitaba la concordancia de ánimo con el mundo que la rodeaba. El segundo gran motivo fundamental de su poesía, por decirlo así, el lado opuesto a su "meditación" y a su "admiración", es el concentus. Es, ante todo en las ocasiones religiosas, así como las nacionales y cortesanas, en donde la poesía de Juana celebra la armonía de las almas. Las formas que se le ofrecen son de las piezas festivales, lírico-dramáticas, cantos panegíricos, en que el júbilo general se exalta y lucha para fundirse al fin en un homenaje unánime. Aquí viene en su ayuda su talento musical, que no podemos juzgar, porque ninguna de sus composiciones se ha conservado. En lo demás, la fuerza productora del unanimismo de nuestra poetisa es más bien religiosa que artística. En la fe, en la crítica espiritual y en el amor cristiano, mucho más que en la fantasía creadora, abarca y armoniza los fenómenos contradictorios del mundo. Sus letras, villancicos, loas, sainetes y autos son más bien inventados o arreglados y adornados retórica, lírica y melódicamente que compuestos y formados visionariamente desde lo profundo. Los personajes de estas piezas son en parte alegóricos, en parte típicamente representativos. Un ser verdaderamente vivo aparece, a lo más, de un modo cómico, entre ellos. La religión de Juana no es excesivamente mística. La armonía psíquica se produce en sus piezas festivas o religiosas, no porque los personajes de sus obras se borren, se supriman o renuncien a sí mismos, ni tampoco porque subviertan las normas sociales o las jerárquicas. Nunca se abandona en su entusiasmo. Cuando, por ejemplo, quiere elogiar al rey de España o a una virreina mexicana, lo hace con exaltación transparente, mitológica o metafóricamente, pero jamás con devoción heterodoxa. Juana establece una diferencia estilística muy notable entre las fiestas de la corte y las de la Iglesia, aunque se entremezclaban en las costumbres españolas y probablemente también en las mexicanas. A los príncipes mundanos rinden homenaje —por ejemplo— Flora, Pomona, Zéfiro, y Vertumno; los cuatro elementos, las estaciones, las edades de la vida, los planetas, las divinidades antiguas, fuerzas psíquicas personificadas, y abstracciones como la vida, la naturaleza, la majestad, la fidelidad, o las artes y las ciencias rivalizando entre sí. El país, el pueblo, la ciudad, la multitud, la plebe, entran, a lo más, como espectadores o comparsas, o como coro que impaciente irrumpe en la festividad sumándose a ella. Los festivales eclesiásticos se realizaban de un modo más popular, especialmente los villancicos humorísticos. En aquellos pequeños dramas, cantados a la Natividad, a la Asunción, a la Concepción y a los santos, actúa mucha gente humilde: vascos, portugueses, negros e indios, en sus dialectos y lenguas o en español chapurreado; estudiantes y sacristanes hablan latín, lo que da lugar a malas inteligencias. Mientras más babilónica resulta la confusión y mezcla de lenguas, más efectiva y victoriosa es la misión de los sabios y los idiotas, de los ángeles y los hombres, señores y esclavos, blancos y negros, en la adoración y gloria jubilosa. Incluso la divinidad se humaniza, si no directamente, en comparaciones ingeniosas y dialécticas: el Niño Jesús como un criollito; la Virgen como muchacha aldeana, zagala, doctora o cantante, Bradamante o la Angélica de Ariosto, y aun como yegua que cocea. Y San Pedro Nolasco, como bandolero o como médico de ocultas enfermedades. Es sabido que la religiosidad española, en el barroco del tono religioso popular, no retrocedía ante ninguna falta de gusto y, como en el juego de las ensaladillas edificantes, todo se mezclaba y se aceptaba generalmente. Por tanto, no creo que en la introducción de *alabados* y cantos panegíricos aztecas y negros en el *Tumba* la de los negros y en el *Tocotín* de los indios, se pueda buscar una tendencia o manifestación social o revolucionaria en sor Juana, como quisiera Chávez. Es únicamente un juego formal humorístico, de color mexicano, pero usual en la tradición de este género desde siglos. Cuán humanamente inteligente, teológicamente claro y políticamente reservado era el pensamiento de nuestra poetisa sobre la situación de los indios, en parte paganos, en parte deficientemente cristianizados por la Iglesia, se observa claramente en la hermosa introducción del *Cetro de José*.

«Sin embargo, hay que tomar en consideración que Juana veía reunidas sin ninguna diferencia en las iglesias de México, casi diariamente, las más diversas categorías de hombres: inmigrantes, aborígenes, negros y mestizos, y podía observar por sí misma una unión psíquica de las razas, cada vez más fuerte, mientras la vieja España, que hasta los primeros decenios del siglo XVII expulsaba a moros, moriscos y judíos, ya no podía presenciar ningún fenómeno parecido. En México, un emocionante enlazamiento de almas fermentaba y abarcaba una nación llena de color, un proceso de formación; en España, una uniformidad petrificada, reservada y senilmente exclusivista. Como los impulsos de curiosidad y exploración, así también las tendencias hacia una comprensión cariñosa de la humanidad multicolor, allá en la periferia del imperio español, estaban todavía rebosantes de juventud cuando en la madre patria ya se secaban y fenecían. No es milagro que también esta segunda serie de motivos resuene más clara y afectuosamente en la poesía de Juana.

«Su *Divino Narciso* es de lo más bello que la literatura española puede presentar en el género de los autos sacramentales, aunque su andamiaje dogmático no es muy propio a la poesía pura. El prólogo comienza con danzas y cantos mexicanos: rito pagano en honor de los dioses de las siembras; trata de la subversión de los indios. La obra, en sí, estaba destinada a una representación en Madrid. La idea poética fundamental se destaca, en el curso de la acción, en discursos y controversias sofísticas, especulativa y musicalmente relumbrante y resonante. Narciso, el irredimido, que según la fábula antigua solo puede amarse a sí mismo, llega a ser en la poesía de sor Juana el Hijo del Hombre, el redentor en busca de la naturaleza humana caída y desheredada, pobre pecadora. Ésta, por su parte, lo busca a él. Entre quejas ansiosas y palabras de amor, reminiscencias del Cantar de los Cantares, los desunidos vagan por el paisaje de Arcadia: Lucifer, bajo la aparición de la ninfa. Eco, la celosa caída y repudiada, persigue a Narciso, lo conduce a la cumbre de la montaña, lo tienta y quiere impedir, de todos modos, que los amantes se encuentren. Pero guiada por la merced celestial la pecadora llega a la fuente de la pureza, cubierta de malezas, y desde el lado opuesto se acerca a Narciso. Él descubre el reflejo de la amada que le hace señales entre el ramaje y simultáneamente su propio reflejo, modelo de la naturaleza humana. Entretanto, Eco se ha acercado cautelosa, y acompañada de Soberbia y Amor Propio, acecha a los amantes, pierde, de envidia y celos, el habla, balbucea, e imita, acompañando palabras de amor y consuelo, la voz del eco, con desesperación y rabia. En su insaciable sed de amor. Narciso se lanza a la fuente; tiembla la tierra; la pecadora y las ninfas lloran; pero, transfigurado, Narciso surge de la muerte e instituye, para la unión eterna con la amiga, el sacramento de la Eucaristía.

«El encanto de la obra, difícil de precisar y probablemente imposible de reconstruir hoy en día, está quizá en la sensualidad difusa y llena de alma con que se sienten, se reflejan y se cantan las cosas del más allá, y en la erótica intelectual femenina, cuya gracia, frivolidad y coquetería no significan, en el fondo, despreciar, sino mitigar el asunto grandioso. El espíritu de la poetisa abarca toda la amplitud y profundidad del misterio del amor sacrificado, muerte, redención y unión bienaventurada. Su fantasía percibe el drama eterno, en formas mansamente virginales, como un drama entre pastores y ninfas, en bosques, junto a fuentes, flores y arbustos, acompañada de música y canto. Con esta percepción logra componer versos redentores como "Aquí ovejuela perdida..." y sentencias profundas y humorísticas como "Porque hasta Dios en el viudo..." Entonaciones igualmente tiernas e inteligentes se encuentran en sus romances, endechas y liras de amor terrenal o celeste. Su afectuosidad y su perspicacia conservan igual finura, ya trate de inclinaciones mundanas, ya de las eternas. El sentimiento íntimo, juvenil y algo zahareño no necesita aclaración, se comenta en sí mismo, y, lejos de opacarse, se esclarece.

«Entre la poesía mundana y eclesiástica no hay confusión en lo exterior, ni en lo interior ninguna ruptura; tampoco se contradicen o se impiden los motivos fundamentales que hemos desarrollado; al contrario, se penetran y se modifican mutuamente, de manera que su actitud, asombrada, interrogadora, y la armonía con este mundo, plena de alma, se completan y se acoplan recíprocamente. Cada uno de los dos motivos encuentra en el otro su complemento y su delimitación. Por eso, la poesía de Juana no se pierde ni en extravagancias del espíritu ni en misticismos del sentimiento; no sufre los típicos excesos del estilo barroco, sin tener necesidad de imponerse una disciplina especial y sujetar fuertemente las riendas del arte. Se puede permitir, en los detalles, extravagancias, porque en el fondo es un temperamento sereno, equilibrado y noble.

«Es natural que, a pesar de su gloria, en la Nueva y en la vieja España no haya podido ejercer un influjo literario duradero. Solo desde la segunda mitad del siglo XIX se comienza a escuchar, con nueva atención, el eco de este grande arte español. Y ahora, cuando debemos dudar si estamos en el orto o en el ocaso de una época artística, su voz esfumada y crepuscular nos habla con más claridad que nunca».

Los escritos que actualmente se conservan de sor Juana comprenden: *Carta Atenagórica* o crítica del sermón del Mandato, del jesuita portugués Antonio Vieira; la *Carta a sor Filotea de la Cruz*, seudónimo del obispo de Puebla, Manuel Fernández de Santa Cruz, contestándole su carta sobre la crítica del sermón de Vieira (1691); *Ofrecimientos* para el rosario de la Virgen de los Dolores, en prosa; *Ejercicios* para la novena de la encarnación de Jesús, en prosa; *Explicación* de la Concepción, en prosa; *Protesta de la fe*, en prosa; *Petición* al Tribunal Divino, en prosa; *Neptuno alegórico...*, y *Explicación del arco triunfal* a la entrada del virrey Paredes (1680), en prosa y verso, en castellano y en latín; dos comedias: *Los empeños de una casa*, con Loa, tres Letras, dos Sainetes y Sarao en cuatro naciones, en cuatro idiomas; *Amor es más laberinto*, cuyo acto segundo es de Juan Guevara, con Loa (1688), tres autos sacramentales; *El divino Narciso, el mártir del sacramento San Hermenegildo* y *El cetro de José* con sus Loas; trece *Loas* independientes, incluso el *Encomiástico* poema a la virreina condesa de Galve (1688); nueve *Letras sagradas* en forma dramática y cuatro *Letras profanas* para cantar; once *Villancicos* en forma dramática y tres breves en forma lírica; *Primero Sueño*, silva extensa, «imitación de las *Soledades* de Góngora», poesías líricas, distribuidas así: sesenta y tres sonetos, cincuenta y nueve romances (cincuenta y cinco en octosílabos), una silva titulada Ovillejos, nueve glosas, diecisiete composiciones en redondillas (dos no lo son estrictamente), una en quintillas y redondillas, treinta y cuatro en décimas, diez en endechas, tres en liras, un *Laberinto endecasílabo*, unos *Anagramas* a la Concepción y unos romances, bailes y tonos provinciales a los virreyes. Todo esto se halla incluido en los tres tomos de sus obras publicados de 1689 a 1700. Después se ha encontrado suelto uno que otro escrito breve. Los extensos se han perdido.

Los títulos con que conocemos sus escritos no son puestos por ellas sino por sus editores del siglo XVII; pero se conservan generalmente en las reimpresiones modernas a guisa de curiosidad, aunque a veces contradigan el significado de la composición.

Sonetos

I. Procura desmentir los elogios que a un retrato de la poetisa inscribió la verdad, que llama pasión

Éste que ves, engaño colorido,
que, del arte ostentado los primores,
con falsos silogismos de colores
es cauteloso engaño del sentido;

éste en quien la lisonja ha pretendido   5
excusar de los años los horrores
y venciendo del tiempo los rigores
triunfar de la vejez y del olvido:

es un vano artificio del cuidado;
es una flor al viento delicada;   10
es un resguardo inútil para el hado;

es una necia diligencia errada;
es un afán caduco, y, bien mirado,
es cadáver, es polvo, es sombra, es nada.

II. Quéjase de la suerte: insinúa su aversión a los vicios y justifica su divertimiento a las Musas

¿En perseguirme, mundo, qué interesas?
¿En qué te ofendo, cuando solo intento
poner bellezas en mi entendimiento
y no mi entendimiento en las bellezas?

Yo no estimo tesoros ni riquezas,   5
y así, siempre me causa más contento
poner riquezas en mi entendimiento
que no mi entendimiento en las riquezas.

Yo no estimo hermosura que vencida
es despojo civil de las edades   10
ni riqueza me agrada fementida,

teniendo por mejor en mis verdades
consumir vanidades de la vida
que consumir la vida en vanidades.

III. Muestra sentir que la baldonen por los aplausos de su habilidad

¿Tan grande, ¡ay hado!, mi delito ha sido
que por castigo de él o por tormento
no basta el que adelanta el pensamiento
sino el que le previenes al oído?

Tan severo en mi contra has procedido,   5
que me persuado, de tu duro intento,
a que solo me diste entendimiento
porque fuese mi daño más crecido.

Dísteme aplausos para más baldones,
subir me hiciste, para penas tales;   10
y aun pienso que me dieron tus traiciones

penas a mi desdicha desiguales
porque viéndome rica de tus dones
nadie tuviese lástima a mis males.

IV. Cadena por crueldad disimulada el alivio que la esperanza da

Diuturna enfermedad de la esperanza
que así entretienes mis cansados años

y en el fiel de los bienes y los daños
tienes en equilibrio la balanza;

que siempre suspendida en la tardanza   5
de inclinarse, no dejan tus engaños
que lleguen a excederse en los tamaños
la desesperación o la confianza:

¿quién te ha quitado el nombre de homicida
pues lo eres más severa, si se advierte   10
que suspendes el alma entretenida

y entre la infausta o la felice suerte
no lo haces tú por conservar la vida
sino por dar más dilatada muerte?

V. En que da moral censura a una rosa, y en ella a sus semejantes

Rosa divina que en gentil cultura
eres con tu fragante sutileza
magisterio purpúreo en la belleza,
enseñanza nevada a la hermosura;

amago de la humana arquitectura,   5
ejemplo de la vana gentileza
en cuyo ser unió naturaleza
la cuna alegre y triste sepultura:

¡cuán altiva en tu pompa, presumida,
soberbia, el riesgo de morir desdeñas;   10
y luego, desmayada y encogida,

de tu caduco ser das mustias señas!
¡Con qué, con docta muerte y necia vida,
viviendo engañas y muriendo enseñas!

VI. Muestra se debe escoger antes morir que exponerse a los ultrajes de la vejez

Miró Celia una rosa que en el prado
ostentaba feliz la pompa vana
y con afeites de carmín y grana
bañaba alegre el rostro delicado;

y dijo: Goza, sin temor del hado,   5
el curso breve de tu edad lozana,
pues no podrá la muerte de mañana
quitarte lo que hubieres hoy gozado.

Y aunque llega la muerte presurosa
y tu fragante vida se te aleja,   10
no sientas el morir tan bella y moza;

mira que la experiencia te aconseja
que es fortuna morirte siendo hermosa
y no ver el ultraje de ser vieja.

VII. Contiene una fantasía contenta con amar decente

Detente, sombra de mi bien esquivo
imagen del hechizo que más quiero,
bella ilusión por quien alegre muero,
dulce ficción por quien penosa vivo.

Si al imán de tus gracias atractivo   5
sirve mi pecho de obediente acero,
¿para qué me enamoras lisonjero,
si has de burlarme luego fugitivo?

Mas blasonar no puedes satisfecho
de que triunfa de mí tu tiranía;   10
que aunque dejas burlado el lazo estrecho

que tu forma fantástica ceñía,
poco importa burlar brazos y pecho
si te labra prisión mi fantasía.

VIII. En que satisfaga un recelo con la retórica del llanto

Esta tarde, mi bien, cuando te hablaba,
como en tu rostro y tus acciones vía
que con palabras no te persuadía,
que el corazón me vieses deseaba.

Y Amor, que mis intentos ayudaba,   5
venció lo que imposible parecía,
pues entre el llanto que el dolor vertía,
el corazón deshecho destilaba.

Baste ya de rigores, mi bien, baste,
no te atormenten más celos tiranos,   10
ni el vil recelo tu quietud contraste

con sombras necias, con indicios vanos:
pues ya en líquido humor viste y tocaste
mi corazón deshecho entre tus manos.

IX. Efectos muy penosos de amor, y que no por grandes igualan con las prendas de quien le causa

¿Vesme, Alcino, que atada a la cadena
de amor, paso, en sus hierros aherrojada,
mísera esclavitud desesperada,
de libertad y de consuelo ajena?

¿Ves de dolor y angustia el alma llena,   5
de tan fieros tormentos lastimada,
y entre las vivas llamas abrasada,
juzgarse por indigna de su pena?

¿Vesme seguir sin alma un desatino
que yo misma condeno por extraño?   10
¿Vesme derramar sangre en el camino

siguiendo los vestigios de un engaño?
¿Muy admirado estás? ¿Pues ves, Alcino?
Más merece la causa de mi daño.

X. No quiero pasar por olvido lo descuidado

Dices que yo te olvido, Celio, y mientes,
en decir que me acuerdo de olvidarte,
pues no hay en mi memoria alguna parte
en que, aun como olvidado, te presentes.

Mis pensamientos son tan diferentes   5
y en todo tan ajenos de tratarte,
que ni saben ni pueden olvidarte,
ni si te olvidan saben si lo sientes.

Si tú fueras capaz de ser querido,
fueras capaz de olvido; y ya era gloria   10
al menos la potencia de haber sido.

Mas tan lejos estás de esa victoria,
que aqueste no acordarme no es olvido
sino una negación de la memoria.

XI. Prosigue el mismo pesar y dice que aún no se debe aborrecer tan indigno sujeto, por no tenerle aún así cerca del corazón

Silvio, yo te aborrezco y aun condeno
el que estés de esta suerte en mi sentido,
que infama el hierro el escorpión herido
y a quien lo huella mancha inmundo cieno.

Eres como el mortífero veneno,   5
que daña quien lo vierte inadvertido;
y en fin, eres tan malo y fementido,
que aun para aborrecido no eres bueno.

Tu aspecto vil a mi memoria ofrezco,
aunque con susto me lo contradice,   10
por darme yo la pena que merezco,

pues cuando considero lo que hice,
no solo a ti, corrida, te aborrezco,
pero a mí, por el tiempo que te quise.

XII. De amor, puesto antes en sujeto indigno, es enmienda blasonar del arrepentimiento

Cuando mi error y tu vileza veo,
contemplo, Silvio, de mi amor errado,
cuán grave es la malicia del pecado,
cuán violenta la fuerza de un deseo.

A mi misma memoria apenas creo   5
que pudiese caber en mi cuidado
la última línea de lo despreciado,
el término final de un mal empleo.

Yo bien quisiera, cuando llego a verte,
viendo mi infame amor poder negarlo;   10
mas luego la razón justa me advierte
   que solo me remedia en publicarlo;
porque del gran delito de quererte
solo es bastante pena confesarlo.

XIII. Un celoso refiere el común pesar, que todos padecen, y advierte a la causa el fin que puede tener la lucha de afectos encontrados

Yo no dudo, Lisarda, que te quiero,
aunque sé que me tienes agraviado;
mas estoy tan amante y tan airado,
que afectos que distingo no prefiero:

De ver que odio y amor te tengo, infiero   5
que ninguno estar puede en sumo grado,
pues no le puede el odio haber ganado
sin haberle perdido amor primero.
    Y si piensas que el alma que te quiso
ha de estar siempre a tu afición ligada,   10
de tu satisfacción vana te aviso.

Pues si el amor al odio ha dado entrada,
el que bajó de sumo a ser remiso
de lo remiso pasará a ser nada.

XIV. Que consuela un celoso epilogando la serie de los amores

Amor empieza por desasosiego,
solicitud, ardores y desvelos;
crece con riesgos, lances y recelos;
susténtase de llantos y de ruego.

Doctrínanle tibiezas y despego,
conserva el ser entre engañosos velos,
hasta que con agravios o con celos
apaga con sus lágrimas su fuego.   5

Su principio, su medio y fin es éste:
¿pues por qué, Alcino, sientes el desvío
de Celia, que otro tiempo bien te quiso?

¿Qué razón hay de que dolor te cueste?
Pues no te engaño amor, Alcino mío,   10
sino que llegó el término preciso.

XV. De una reflexión cuerda con que mitiga el dolor de una pasión

Con el dolor de la mortal herida,
de un agravio de amor me lamentaba,
y por ver si la muerte se llegaba
procuraba que fuese más crecida.

Toda en su mal el alma divertida,   5
pena por pena su dolor sumaba,
y en cada circunstancia ponderaba
que sobraban mil muertes a una vida.

Y cuando, al golpe de uno y otro tiro
rendido el corazón, daba penoso   10
señas de dar el último suspiro.

no sé por qué destino prodigioso
volví a mi acuerdo y dije: ¿qué me admiro?
¿Quién en amor ha sido más dichoso?

XVI. Solo con aguda ingeniosidad esfuerza el dictamen de que sea la ausencia mayor mal que los celos

El ausente, el celoso, se provoca,
aquél con sentimiento, éste con ira;
presume éste la ofensa que no mira
y siente aquél la realidad que toca:

Éste templa tal vez su furia loca   5
cuando el discurso en su favor delira;
y sin intermisión aquél suspira,
pues nada a su dolor la fuerza apoca.

Éste aflige dudoso su paciencia
y aquél padece ciertos sus desvelos;   10
éste al dolor opone resistencia;

aquél, sin ella, sufre desconsuelos:
y si es pena de daño, al fin, la ausencia,
luego es mayor tormento que los celos.

XVII. Resuelve la cuestión de cuál sea pesar más molesto en encontradas correspondencias: amar o aborrecer

Que no me quiera Fabio al verse amado
es dolor sin igual, en mi sentido;
mas que me quiera Silvio aborrecido
es menor mal, mas no menor enfado.

¿Qué sufrimiento no estará cansado,   5
si siempre le resuenan al oído,
tras la vana arrogancia de un querido,
el cansado gemir de un desdeñado?

Si de Silvio me cansa el rendimiento,
a Fabio canso con estar rendida: 10
si de éste busco el agradecimiento,

a mí me busca el otro agradecida:
por activa y pasiva es mi tormento,
pues padezco en querer y ser querida.

XVIII. Prosigue el mismo asunto y determina que prevalezca la razón contra el gusto

Al que ingrato me deja, busco amante;
al que amante me sigue, dejo ingrata;
constante adoro a quien mi amor maltrata;
maltrato a quien mi amor busca constante.

Al que trato de amor hallo diamante;　　　　　5
y soy diamante al que de amor me trata;
triunfante quiero ver al que me mata
y mato a quien me quiere ver triunfante.

Si a éste pago, padece mi deseo:
si ruego aquél, mi pundonor enojo:　　　　　10
de entrambos modos infeliz me veo.

Pero yo por mejor partido escojo
de quien no quiero, ser violento empleo,
que de quien no me quiere, vil despojo.

XIX. Continúa el asunto y aun le expresa con más viva elegancia

Feliciano me adora y le aborrezco;
Lisardo me aborrece y yo le adoro;
por quien no me apetece ingrato, lloro,
y al que me llora tierno, no apetezco:

a quien más me desdora, el alma ofrezco;   5
a quien me ofrece víctimas, desdoro;
desprecio al que enriquece mi decoro
y al que le hace desprecios enriquezco;

si con mi ofensa al uno reconvengo,
me reconviene el otro a mí ofendido   10
y al padecer de todos modos vengo;

pues ambos atormentan mi sentido:
aquéste con pedir lo que no tengo
y aquél con no tener lo que le pido.

XX. Enseña cómo un solo empleo en amar es razón y conveniencia

Fabio, en el ser de todos adoradas
son todas las beldades ambiciosas,
porque tienen las aras por ociosas
si no las ven de víctimas colmadas.

Y así, sí de uno solo son amadas,   5
viven de la fortuna querellosas;
porque piensan que más que ser hermosas
constituyen deidad al ser rogadas.

Mas yo soy en aquesto tan medida,
que en viendo a muchos mi atención zozobra 10
y solo quiero ser correspondido.

de aquel que de mi amor réditos cobra;
porque es la sal del gusto al ser querido:
que daña lo que falta y lo que sobra.

XXI. Alaba con especial acierto el de un músico primoroso

Dulce deidad del viento armoniosa,
suspensión del sentido deseada,
donde gustosamente aprisionada
se mira la atención más bulliciosa;

perdona a mi zampoña licenciosa   5
si al escuchar tu lira delicada
canta con ruda voz desentonada
prodigios de la tuya milagrosa.

Pause su lira el Tracio, que aunque calma
puso a las negras sombras del olvido,   10
cederte debe más gloriosa palma,

pues más que a ciencia el arte has reducido
haciendo suspensión de toda un alma
el que solo era objeto de un sentido.

XXII. Contrapone el amor al fuego material y quiere achacar remisiones a éste, con ocasión de contar el suceso de Porcia

¿Qué pasión, Porcia, qué dolor tan ciego
te obliga a ser de ti fiera homicida?
¿O en qué te ofende tu inocente vida
que así le das batalla a sangre y fuego?

Si la fortuna airada al justo ruego   5
de tu esposo se muestra endurecida,

 bástale el mal de ver su acción perdida;
no acabes, con tu vida, su sosiego.

Deja las brasas, Porcia, que mortales
impaciente tu amor elegir quiere;   10
no al fuego de tu amor el fuego iguales;

porque si bien de tu pasión se infiere,
mal morirá a las brasas materiales
quien a las llamas del amor no muere.

XXIII. Engrandece el hecho de Lucrecia

¡Oh, famosa Lucrecia, gentil dama,
de cuyo ensangrentado noble pecho
salió la sangre que extinguió a despecho
del rey injusto la lasciva llama!

¡Oh, con cuánta razón el mundo aclama   5
tu virtud, pues por premio de tal hecho
aún es para tus sienes cerco estrecho
la amplísima corona de tu fama!

Pero si el modo de tu fin violento
puedes borrar del tiempo y sus anales,   10
quita la punta del puñal sangriento

con que pusiste fin a tantos males;
que es mengua de tu honrado sentimiento
decir que te ayudaste de puñales.

XXIV. Nueva alabanza del mismo hecho

Intenta de Tarquino el artificio
a tu pecho, Lucrecia, dar batalla;
ya amante llora, ya modesto calla;
ya ofrece toda el alma en sacrificio.

Y cuando piensa ya que más propicio   5
tu pecho a tanto imperio se avasalla,
el premio, como Sísifo, que halla,
es empezar de nuevo el ejercicio.

Arde furioso y la amorosa tema
crece en la resistencia de tu honda,   10
con tanta privación más obstinada.

¡Oh providencia de deidad suprema:
tu honestidad motiva tu deshonra
y tu deshonra te eterniza honrada!

XXV. Refiere con ajuste la tragedia de Píramo y Tisbe

De un funesto moral la negra sombra,
de horrores mil, y confusiones llena,
en cuyo hueco tronco aún hoy resuena
el eco que doliente a Tisbe nombra,

cubrió la verde matizada alfombra   5
en que Píramo amante abrió la vena
del corazón, y Tisbe de su pena
dio la señal que aún hoy al mundo asombra.

Mas viendo del amor tanto despecho,
la muerte, entonces de ellos lastimada,   10
sus dos pechos juntó con lazo estrecho:

mas ¡ay de la infeliz y desdichada
que a su Píramo dar no puede el pecho
ni aun por los duros filos de una espada!

XXVI. Convaleciente de una enfermedad grave, discreta con la señora virreina, marquesa de Mancera, atribuyendo a su mucho amor aún su mejoría en morir

En la vida que siempre tuya fue,
Laura divina, y siempre lo será,

la Parca fiera, que en seguirme da,
quiso asentar por triunfo el mortal pie.

Yo de su atrevimiento me admiré,   5
que si debajo de su imperio está,
tener poder no puede en ella ya,
pues del suyo contigo me libré.

Para cortar el hilo que no hiló,
la tijera mortal abierta vi.   10
—¡Ay, parca fiera! —dije entonces yo—.

Mira que sola Laura manda aquí.
Ella corrida al punto se apartó.
Y dejome vivir solo por ti.

XXVII. En la muerte de la excelentísima señora marquesa de Mancera (1674)

De la beldad de Laura enamorados
los cielos, la robaron a su altura,
porque no era decente a su luz pura
ilustrar estos valles desdichados.

O porque los mortales, engañados   5
de su cuerpo en la hermosa arquitectura,
admirados de ver tanta hermosura
no se juzgasen bienaventurados.

Nació donde el Oriente el rojo velo
corre al nacer al astro rubicundo   10
y murió donde con ardiente anhelo

da sepultura a su luz el mar profundo:
que fue preciso a su divino vuelo
que diese como el Sol la vuelta al mundo.

XXVIII. A lo mismo

Bello compuesto en Laura dividido,
alma inmortal, espíritu glorioso,
¿por qué dejaste cuerpo tan hermoso?
¿Y para qué tal alma has despedido?

Pero ya ha penetrado en mi sentido   5
que sufres el divorcio riguroso
porque el día final puedas gozoso
volver a ser enteramente unido.

Alza tú, alma dichosa, el presto vuelo,
y de tu hermosa cárcel desatada,   10
dejando vuelto su arrebol en hielo,

sube a ser de luceros coronada:
que bien es necesario todo el cielo
porque no eches de menos tu morada.

XXIX. A la esperanza, escrito en uno de sus retratos

Verde embeleso de la vida humana,
loca esperanza, frenesí dorado,
sueño de los despiertos intrincado,
como de sueños, de tesoros vana;

alma del mundo, senectud lozana,   5
decrépito verdor imaginado,
el hoy de los dichosos esperado
y de los desdichados el mañana:

sigan tu sombra en busca de tu día
los que, con verdes vidrios por anteojos,   10
todo lo ven pintado a su deseo:

que yo, más cuerda en la fortuna mía,
tengo en entrambas manos ambos ojos
y solamente lo que toco veo.

XXX. Atribuido a la poetisa

Cítara de carmín que amaneciste
trinando endechas a tu amada esposa
y, paciéndole el ámbar a la rosa,
el pico de oro, de coral teñiste;

dulce jilguero, pajarito triste,   5
que apenas el aurora viste hermosa
cuando el tono primero de una glosa
la muerte hallaste y el compás perdiste:

no hay en la vida, no, segura suerte;
tu misma voz al cazador convida   10
para que el golpe cuando tire acierte.

¡Oh fortuna buscada aunque temida!
¿Quién pensara que cómplice en tu muerte
fuera, por no callar, tu propia vida?

Redondillas

I. Que responde a un caballero que dijo ponerse hermosa la mujer con querer bien

Silvio, tu opinión va errada,
que en lo común, si se apura,
no admiten por hermosura
hermosura enamorada.

Pues si bien de la extrañeza   5
el atractivo más grato
es el agrio de lo ingrato
la sazón de la belleza.

Porque gozando excepciones
de perfección más que humana,   10
la acredita soberana
lo libre de las pasiones.

Que no se conserva bien
ni tiene seguridad
la rosa de la beldad   15
sin la espina del desdén.

Mas si el amor hace hermosas,
pudiera excusar ufana
con merecer la manzana
la contienda de las diosas.   20

Belleza llego a tener
de mano ten generosa,
que dices que seré hermosa
solamente con querer.

Y así en lid contenciosa   25
fuera siempre la triunfante;
que, pues nadie es tan amante,
luego nadie tan hermosa.

Mas si de amor el primor
la belleza me asegura,   30
te deberé la hermosura,
pues me causas el amor.

Del amor tuyo confío
la beldad que me atribuyo
porque siendo obsequio tuyo   35
resulta en provecho mío.

Pero a todo satisfago
con ofrecerte de nuevo
la hermosura que te debo
y el amor con que te pago.   40

II. En que describe racionalmente los efectos irracionales del Amor

Este amoroso tormento
que en mi corazón se ve,
sé que lo siento, y no sé
la causa por que lo siento.

Siento una grave agonía   5
por lograr un devaneo
que empieza como deseo
y para en melancolía.

Y cuando con más terneza
mi infeliz estado lloro,   10
sé que estoy triste e ignoro
la causa de mi tristeza.

Siento un anhelo tirano
por la ocasión a que aspiro
y cuando cerca la miro   15
yo misma aparto la mano.

Porque si acaso se ofrece
después de tanto desvelo,
la desazona el recelo
o el susto la desvanece.   20

Y si alguna vez sin susto
consigo tal posesión,
cualquiera leve ocasión
me malogra todo el gusto.

Siento mal del mismo bien 25
con receloso temor,
y me obliga el mismo amor
tal vez a mostrar desdén.

Cualquier leve ocasión labra
en mi pecho de manera 30
que el que imposibles venciera
se irrita de una palabra.

Con poca causa ofendida
suelo en mitad de mi amor
negar un leve favor 35
a quien le diera la vida.

Ya sufrida, ya irritada,
con contrarias penas lucho,
que por él sufriré mucho
y con él sufriré nada. 40

No sé en qué lógica cabe
el que tal cuestión se pruebe,
que por él lo grave es leve
y con él lo leve es grave.

Sin bastantes fundamentos 45
forman mis tristes cuidados,
de conceptos engañados,
un monte de sentimientos.

Y en aquel fiero conjunto
hallo, cuando se derriba, 50

que aquella máquina altiva
solo estribaba en un punto.

Tal vez el dolor me engaña,
y presumo sin razón
que no habrá satisfacción   55
que pueda templar mi saña.

Y cuando a averiguar llego
el agravio por que riño,
es como espanto de niño
que para en burlas y juego.   60

Y aunque el desengaño toco,
con la misma pena lucho
de ver que padezco mucho
padeciendo por tan poco.

A vengarse se abalanza   65
tal vez el alma ofendida
y después arrepentida
toma de mí otra venganza.

Y si al desdén satisfago
es con tan ambiguo error   70
que yo pienso que es rigor
y se remata en halago.

Hasta el labio desatento
suele equívoco tal vez,
por usar de la altivez,   75
encontrar el rendimiento.

Cuando por soñada culpa
con más enojo me incito,
yo le acrimino el delito
y le busco la disculpa.   80

No huyo el mal ni busco el bien,
porque en mi confuso error
ni me asegura el amor
ni me despecha el desdén.

En mi ciego devaneo,   85
bien hallada con mi engaño,
solicito el desengaño
y no encontrarlo deseo.

Si alguno mis quejas oye,
más a decirlas me obliga,   90
porque me las contradiga,
que no porque las apoye.

Porque si con la pasión
algo contra mi amor digo,
es mi mayor enemigo   95
quien me concede razón.

Y si acaso en mi provecho
hallo la razón propicia,
me embaraza la injusticia
y ando cediendo el derecho.   100

Nunca hallo gusto cumplido,
porque entre alivio y dolor
hallo culpa en el amor

y disculpa en el olvido.

Esto de mi pena dura   105
es algo del dolor fiero
y mucho más no refiero
porque pasa de locura.

Si acaso me contradigo
en este confuso error,   110
aquel que tuviese amor
entenderá lo que digo.

III. Arguye de inconsecuencia el gusto y la censura de los hombres, que en las mujeres acusan lo que acusan

Hombres necios que acusáis
a la mujer sin razón,
sin ver que sois la ocasión
de lo mismo que culpáis.

Si con ansia sin igual   5
solicitáis su desdén,
¿por qué queréis que obren bien
si las incitáis al mal?

Combatís su resistencia
y luego con gravedad   10
decís que fue liviandad
lo que hizo la diligencia.

Parecer quiere el denuedo
de vuestro parecer loco
al niño que pone el coco   15
y luego le tiene miedo.

Queréis con presunción necia
hallar a la que buscáis,
para pretendida, Tais,
y en la posesión, Lucrecia.   20

¿Qué humor puede ser más raro
que el que, falto de consejo,
él mismo empaña el espejo

y siente que no esté claro?

Con el favor y el desdén   25
tenéis condición igual,
quejándoos, si os tratan mal,
burlándoos, si os quieren bien.

Opinión ninguna gana,
pues la que más se recata,   30
si no os admite, es ingrata,
y si os admite, es liviana.

Siempre tan necios andáis
que con desigual nivel
a una culpáis por cruel   35
y a otra por fácil culpáis.

¿Pues cómo ha de estar templada
la que vuestro amor pretende,
si la que es ingrata ofende
y la que es fácil enfada?   40

Mas entre el enfado y pena
que vuestro gusto refiere,
bien haya la que no os quiere
y queja enhorabuena.

Dan vuestras amantes penas   45
a sus libertades alas
y después de hacerlas malas
las queréis hallar muy buenas.

¿Cuál mayor culpa ha tenido

en una pasión errada: 50
la que cae de rogada
o el que ruega de caído?

¿O cuál es más de culpar,
aunque cualquiera mal haga:
la que peca por la paga 55
o el que paga por pecar?

¿Pues para qué os espantáis
de la culpa que tenéis?
Queredlas cual las hacéis
o hacedlas cual las buscáis. 60

Dejad de solicitar
y después con más razón
acusaréis la afición
de la que os fuere a rogar.

Bien con muchas armas fundo 65
que lidia vuestra arrogancia,
pues en promesa e instancia
juntáis diablo, carne y mundo.

IV. Enseña modo con que la Hermosura, solicitada de amor importuno, pueda quedarse fuera de él, con entereza tan cortés que haga bienquisto hasta el mismo desaire

Dos dudas en que escoger
tengo y no sé a cuál prefiera,
pues vos sentís que no quiera
y yo sintiera querer.

Con que si a cualquier lado   5
quiero inclinarme, es forzoso,

quedando el uno gustoso,
que otro quede disgustado.

Si daros gusto me ordena
la obligación, es injusto   10
que por daros a vos gusto
haya yo de tener pena.

Y no juzgo que habrá quien
apruebe sentencia tal
como que me trate mal   15
por trataros a vos bien.

Mas por otra parte siento
que es también mucho rigor
que lo que os debo en amor
pague en aborrecimiento.   20

Y aun irracional parece

este rigor, pues se infiere,
si aborrezco a quien me quiere,
¿qué haré con quien aborrezco?

No sé cómo despacharos,   25
pues hallo al determinarme
que amaros es disgustarme
y no amaros disgustaros.

Pero dar un medio justo
en estas dudas pretendo,   30
pues no queriendo os ofendo
y queriéndoos me disgusto.

Y sea ésta la sentencia,
porque no os podáis quejar:
que entre aborrecer y amar   35
se parta la diferencia.

De modo que entre el rigor
y el llegar a querer bien
ni vos encontréis desdén
ni yo pueda hallar amor.   40

Esto el discurso aconseja,
pues con esta conveniencia
ni yo quedo con violencia
ni vos partís con queja.

Y que estaremos infiero   45
gustosos con lo que ofrezco,
vos, de ver que no aborrezco,
yo, de saber que no quiero.

Solo este medio es bastante
a ajustarnos, si os contenta: 50
que vos me logréis atenta
sin que yo pase a lo amante.

Y así quedo, en mi entender,
esta vez bien con los dos:
con agradecer, con vos;   55
conmigo, con no querer.

Que aunque a nadie llegue a darse
en esto gusto cumplido
ver que es igual el partido
servirá de resignarse.   60

Romances

I. Romance que resuelve con ingenuidad sobre problemas entre las instancias de la obligación y el afecto

Supuesto, discurso mío
que gozáis en todo el orbe,
entre aplausos de entendido,
de agudo veneraciones,

mostradlo en el duro empeño   5
en que mis ansias os ponen,
dando salida a mis dudas,
dando aliento a mis temores.

Empeño vuestro es el mío;
mirad que será desorden   10
ser en causa ajena agudo
y en la vuestra propia torpe.

Ved que es querer las causas,
con efectos desconformes,
nieves el fuego congele,   15
que la nieve llamas brote.

Manda la razón de estado
que, atendiendo a obligaciones,
las partes de Fabio olvide,
las prendas de Silvio adore.   20

O que al menos, si no puedo
vencer tan fuertes pasiones,
cenizas de disimulo

cubran amantes ardores.

¡Qué vano disfraz la juzgo!   25
Pues harán, cuando más obren,
que no se mire la llama
no que el ardor no se note.

¿Cómo podré yo mostrarme,
entre estas contradicciones,   30
a quien no quiero, de cera,
a quien adoro, de bronce?

¿Cómo el corazón podrá,
cómo sabrá el labio torpe
fingir halago, olvidando,   35
mentir, amando, rigores?

¿Cómo sufrir abatido,
entre tan bajas ficciones,
que lo desmienta la boca
podrá un corazón tan noble?   40

¿Y cómo podrá la boca
cuando el corazón se enoje,
fingir cariños, faltando
quien le ministre razones?

¿Podrá mi noble altivez   45
consentir que mis acciones
de nieve y de fuego sirvan
de ser fábula del orbe?

Y yo doy, que tanta dicha

tenga, que todos los ignoren: 50
para pasar la vergüenza
¿no basta que a mí me conste?

Que aquesto es razón me dicen
los que la razón conocen:
¿pues cómo la razón puede   55
forjarse de sinrazones?

¿Qué te costaba, hado impío,
dar al repartir tus dones
o los méritos de Fabio
o a Silvio las perfecciones?   60

Dicha y desdicha de entrambos
la suerte les descompone,
con que el uno su desdicha
y el otro su dicha ignore.

¿Quién ha visto que tan varia   65
la fortuna se equivoque
y que el dichoso padezca
porque el infelice goce?

No me convence el ejemplo
que en el Mongibelo ponen,   70
que en él es natural gala
y en mi violencia disforme.

Y resistir el combate
de tan encontrados golpes
no cabe en lo sensitivo   75
y puede sufrirlo un monte.

¡Oh vil arte cuyas reglas
tanto a la razón se oponen,
que para que se ejecuten
es menester que se ignoren!   80

¿Qué hace en adorarme Silvio?
¿Cuando más fino blasone,
quererme es más que seguir
de su inclinación el norte?

Gustoso vive en su empleo   85
sin que disgustos le estorben:
¿pues qué vence, si no vence
por mí en sus inclinaciones?

¿Qué víctimas sacrifica,
qué incienso en mis aras pone,   90
si cambia sus rendimientos
al precio de mis favores?

Más hago yo; pues no hay duda
que hace finezas mayores
que el que voluntario ruega,   95
quien violenta corresponde.

Porque aquél sigue obediente
de su estrella el curso dócil,
y éste contra la corriente
de su destino se opone.   100

Él es libre para amarme,
aunque otra su amor provoque.

¿Y no tendré yo la misma
libertad en mis acciones?

Si él restituir no puede,   105
su incendio mi incendio abone:
violencia que a él le sujeta,
¿qué mucho que a mí me postre?

¿No es rigor, no es tiranía,
siendo iguales las pasiones,   110
no poder él reportarse
y querer que me reporte?

Quererle porque él me quiere
no es justo que amor se nombre:
que no ama quien para amar   115
el ser amado supone.

No es amor correspondencia:
causas tiene superiores,
que las concilian los astros
o la engendran perfecciones.   120

Quien ama porque es querida,
sin otro impulso más noble,
desprecia el amante y ama
sus propias adoraciones.

Del humo del sacrificio   125
quiere los vanos honores,
sin mirar si al oferente
hay méritos que le adornen.

Ser potencia y ser objeto
a toda razón se opone;   130
porque era ejercer en sí
sus propias operaciones.

A parte rei se distinguen
el objeto que conoce;
y lo amable, no lo amante,   135
es blanco de sus arpones.

Amor no busca la paga
de voluntades conformes;
que tan bajo interés fuera
indigna usura en los dioses.   140

No hay cualidad que en él pueda
imprimir alteraciones
del velo de los desdenes,
del fuego de los favores.

Su ser es inaccesible   145
al discurso de los hombres;
que aunque el efecto se sienta,
la esencia no se conoce.

Y en fin, cuando en mi favor
no hubiere tantas razones,   150
mi voluntad es de Fabio:
Silvio y el mundo perdonen.

II. Acusa la hidropesía de mucha ciencia, que teme inútil, aun para saber, y nociva para vivir

Finjamos que soy feliz,
triste pensamiento, un rato;
quizá podréis persuadirme,
aunque yo sé lo contrario.

Que pues solo en la aprehensión   5
dicen que estriban los daños,
si os imagináis dichoso
no seréis tan desdichado.

Sírvame el entendimiento
alguna vez de descanso   10
y no siempre esté el ingenio
con el provecho encontrado.

Todo el mundo es opiniones,
de pareceres tan varios,
que lo que el uno, que es negro,   15
el otro prueba que es blanco.

A uno sirve de atractivo
lo que otro concibe enfado,
y lo que éste por alivio
aquél tiene por trabajo.   20

El que está triste censura
al alegre de liviano
y el que está alegre se burla
de ver al triste penando.

Los dos filósofos griegos   25
bien esta verdad probaron;
pues lo que en el uno risa,
causaba en el otro llanto.

Célebre su oposición
ha sido por siglos tantos,   30
sin que cuál acertó esté
hasta ahora averiguado.

Antes, en sus dos banderas
el mundo todo alistado,
conforme el humor le dicta   35
sigue cada cual el bando.

Uno dice que de risa
solo es digno el mundo vario,
y otro que sus infortunios
son solo para llorados.   40

Para todo se halla prueba
y razón en que fundarlo;
y no hay razón para nada,
de haber razón para tanto.

Todos son iguales jueces,   45
y siendo iguales y varios,
no hay quien pueda decidir
cuál es lo más acertado.

Pues si no hay quien lo sentencie
¿por qué pensáis vos, errado,   50

que os sometió Dios a vos
la decisión de los casos?

¿O por qué, contra vos mismo
severamente inhumano,
entre lo amargo y lo dulce 55
queréis elegir lo amargo?

Si es mío mi entendimiento
¿por qué siempre he de encontrarlo
tan torpe para el alivio,
tan agudo para el daño? 60

El discurso es un acero
que sirve por ambos cabos:
de dar muerte, por la punta;
por el pomo, de resguardo.

Si vos, sabiendo el peligro, 65
queréis por la punta usarlo,
¿qué culpa tiene el acero
del mal uso de la mano?

No es saber, saber hacer
discursos sutiles vanos; 70
que el saber consiste solo
en elegir lo más sano.

Especular las desdichas
y examinar los presagios
solo sirve de que el mal 75
crezca con anticiparlo.

En los trabajos futuros
la atención sutilizando
más formidable que el riesgo
suele fingir el amago.   80

¡Qué feliz es la ignorancia
del que indoctamente sabio
halla, de lo que padece,
en lo que ignora, sagrado!

No siempre suben seguros   85
vuelos del ingenio osados,
que buscan trono en el fuego
y hallan sepulcro en el llanto.

También es vicio el saber,
que si no se va atajando,   90
cuanto menos se conoce
es más nocivo el estrago.

Y si el vuelo no le abaten,
es sutilezas cebado,
por cuidar de lo curioso   95
olvida lo necesario.

Si culta mano no impide
crecer al árbol copado,
quitan la sustancia al fruto
la locura de los ramos.   100

Si andar a nave ligera
no estorba lastre pesado,
sirve el vuelo de que sea

el precipicio más alto.

En amenidad inútil   105
¿qué importa al florido campo,
si no halla fruto el otoño
que ostente flores el mayo?

¿De qué le sirve al ingenio
el producir muchos partos   110
si a la multitud se sigue
el malogro de abortarlos?

Ya esta desdicha por fuerza
ha de seguirse el fracaso
de quedar el que produce,   115
si no muerto, lastimado.

El ingenio es como el fuego,
que, con la materia ingrato,
tanto la consume más
cuando él se ostenta más claro.   120

Es de su propio señor
tan rebelado vasallo,
que convierte en sus ofensas
las armas de su resguardo.

Este pésimo ejercicio,   125
este duro afán pesado,
a los hijos de los hombres
dio Dios para ejercitarlos.

¿Qué loca ambición nos lleva,

de nosotros olvidados?   130
Si es que vivir tan poco,
¿de qué sirve saber tanto?

¡Oh, si como hay de saber
hubiera algún seminario
o escuela donde a ignorar   135
se enseñaran los trabajos!

¡Qué felizmente viviera
el que flojamente cauto
burlara las amenazas
del influjo de los astros!   140

Aprendamos a ignorar,
pensamiento, pues hallamos
que cuanto añado al discurso
tanto le usurpo a los años.

III. Discurre, con ingenuidad ingeniosa, sobre la pasión de los celos. Muestra que su desorden es senda única para hallar al amor y contradice un problema de don José Montoro, uno de los más célebres poetas de este siglo

Si es causa amor productivo
de diversidad de afectos,
que, con producirlos todos,
se perficiona a sí mesmo:

y si el uno de los más   5
naturales son los celos,
¿cómo sin tenerlos puede
el amor estar perfecto?

Son ellos de que hay amor
el signo más manifiesto: 10
como la humedad del agua
y como el humo del fuego.

No son (que dicen) de amor
bastardos hijos groseros;
sino legítimos, claros   15
sucesores de su imperio.

Son crédito y prueba suya,
pues solo pueden dar ellos
auténticos testimonios
de que es amor verdadero.   20

Porque la fineza, que es

de ordinario el tesorero
a quien remite las pagas
amor de sus libramientos,

¿cuántas veces, motivada   25
de otros impulsos diversos,
ejecuta por de amor
decretos de galanteo?

El cariño ¿cuántas veces,
por dulce entretenimiento,   30
fingiendo quilates, crece
la mitad del justo precio?

¿Y cuántas más el discurso,
por ostentarse discreto,
acredita por de amor   35
partos del entendimiento?

¿Cuántas veces hemos visto
disfrazada en rendimientos
a la propia conveniencia,
a la tema o al empeño?   40

Solo los celos ignoran
fábricas de fingimientos,
que, como son locos, tienen
propiedad de verdaderos.

Los gritos que ellos dan son,   45
sin dictamen de su dueño,
no ilaciones del discurso,
sino abortos del tormento.

Como de razón carecen,
carecen del instrumento   50
de fingir, que aquesto solo
es en lo irracional bueno.

Desbocados ejercitan
contra sí el furor violento,
y no hay quien quiera en su daño   55
mentir, sino en su provecho.

Del frenético, que fuera
de su natural acuerdo
de despedaza, no hay quien
juzgue que finge el extremo.   60

En prueba de esta verdad,
mírense cuántos ejemplos
en bibliotecas de siglos
guarda el archivo del tiempo.

A Dido fingió el troyano,   65
mintió a Adriadna Teseo,
ofendió a Minos Pasife
y engañaba a Marte Venus.

Semíramis mató a Nino,
Elena deshonró al griego,   70
Jasón agravió a Medea
y dejó a Olimpia Vireno.

Betsabé engañaba a Urías,
Dalila al caudillo hebreo,

Jael a Sísara horrible,   75
Judit a Holofernes fiero.

Éstos y otros, que mostraban
tener amor, sin tenerlo,
todos fingieron amor,
mas ninguno fingió celos.   80

Porque aquél puede fingirse
con otro color, mas éstos
son la prueba del amor
y la prueba de sí mesmos.

Si ellos no tienen más padres   85
que el amor, luego son ellos
sus más naturales hijos
y más legítimos dueños.

Las demás demostraciones,
por más que finas las vemos,   90
pueden no mirar a amor
sino a otros varios respectos.

Ellos solos se van con él,
como la causa y efecto:
¿hay celos?, luego hay amor;   95
¿hay amor?, luego habrá celos.

De la fiebre ardiente suya
son el delirio más cierto;
que, como están sin sentido,
publican lo más secreto.   100

El que no los siente, amando,
del indicio más pequeño,
en tranquilidad de tibio
goza bonanzas de necio.

Que asegurarse en las dichas   105
solamente puede hacerlo
la villana confianza,
el propio merecimiento.

Bien sé que tal vez furiosos
suelen pasar desatentos,   110
a profanar de lo amado
osadamente el respeto.

Mas no es esto esencia suya,
sino un accidente anexo,
que tal vez los acompaña   115
y tal vez deja de hacerlo.

Mas doy que siempre: aún debiera
el más soberano objeto,
por la prueba de lo fino,
perdonarles lo grosero.   120

Mas no es, vuelvo a repetir,
preciso que el pensamiento
pase a ofender del decoro
los sagrados privilegios.

Para tener celos basta   125
solo el temor de tenerlos;
que ya está sintiendo el daño

quien está sintiendo el riesgo.

Temer yo que haya quien quiera
festejar a quien festejo,   130
aspirar a mi fortuna
y solicitar mi empleo,

no es ofender lo que adoro,
antes es un alto aprecio
de pensar que deben todos   135
adorar lo que yo quiero.

Y éste es un dolor preciso,
por más que divino el dueño
asegure en confianza
prerrogativas de exento.   140

Decir que éste no es cuidado
que llegue a desasosiego,
podrá decirlo la boca,
mas no comprobarlo el pecho.

Persuadirme a que es lisonja   145
amor lo que yo apetezco,
aprobarme la elección
y calificar mi empleo;

a quien tal tiene a lisonja
nunca le falte este obsequio: 150
que yo juzgo que aquí solo
son duros los lisonjeros.

Pues solo fuera, a poder

contenerse estos afectos
en la línea del aplauso   155
o en el coto del cortejo.

¿Pero quién con tal medida
les podrá tener el freno
que no rompan desbocados
el alacrán del consejo?   160

Y aunque ellos en sí no pasen
el término de lo cuerdo,
¿quién lo podrá persuadir
a quien los mira con miedo?

Aplaudir lo que yo estimo,   165
bien puede ser sin intento
segundo; mas ¿quién podrá
tener mis temores quedos?

Quien tiene enemigos, suele
decir que no tenga sueño;   170
pues ¿cómo ha de sosegarse
el que los tiene tan ciertos?

Quien en frontera enemiga
descuidado ocupa el lecho,
solo parece que quiere   175
ser del contrario trofeo.

Aunque inaccesible sea
el blanco: si los flecheros
son muchos, ¿quién asegura
que alguno no tenga acierto?   180

Quien se alienta a competirme
aun en menores empeños,
es un dogal que compone
mis ahogos de su aliento.

¿Pues qué será el que pretende   185
excederme los afectos,
mejorarme las finezas
y aventajar los deseos?

¿Quién quiere usurpar mis dichas?
¿Quién quiere ganarme el premio?   190
¿Y quién en galas del alma
quiere dejar más bien puesto?

¿Quién para su exaltación
procura mi abatimiento
y quiere comprar su gloria   195
a costa de mis desprecios?

¿Quién pretende, con los suyos,
deslucir mis sentimientos:
que en los desaires del alma
es el más sensible duelo?   200

Al que este dolor no llega
al más reservado seno
del alma, apueste insensibles
competencias con el hielo.

La confianza ha de ser   205
con proporcionado medio:

que deje de ser molestia
sin pasar a ser despego.

El que es discreto, a quien ama
le ha de mostrar que el recelo   210
lo tiene en la voluntad
y no en el entendimiento.

Un desconfiar de sí
y un estar siempre temiendo
que podrá exceder al mío   215
cualquiera mérito ajeno:

un temer que la fortuna
podrá con airado ceño
despojarme por indigno
del favor que no merezco: 220

no solo no ofende; antes
es el esmalte más bello
que a las joyas de lo fino
les puede dar lo discreto.

Y aunque algo exceda la queja,   225
nunca queda mal, supuesto,
que es gala de lo sentido
exceder de lo modesto.

Lo atrevido es un celoso,
lo irracional y lo terco,   230
prueba es de amor, que merece
la beca de su colegio.

Y aunque muestre que se ofende,
yo sé que por allá dentro
no le pesa a la más alta   235
de mirar tales extremos.

La más airada deidad
al celoso más grosero
le está aceptando servicios
los que riñe atrevimientos.   240

La que se queja oprimida
del natural más estrecho
hace ostentación de amada
el que parece lamento.

De la triunfante hermosura   245
tiran el carro soberbio
el desdichado con quejas
y el celoso con despechos.

Uno de sus sacrificios
es este dolor acerbo,   250
y ella, ambiciosa, no quiere
nunca tener uno menos.

¡Oh doctísimo Montoro,
asombro de nuestros tiempos,
injuria de los Virgilios,   255
afrenta de los Homeros!

Cuando de amor prescindiste
este inseparable afecto
(precisión que solo pudo

formarla tu entendimiento),   260

bien se ve que solo fue
la empresa de tus talentos
el probar lo más difícil,
no persuadir a creerlo.

Al modo de aquellos que   265
sutilmente defendieron
que de la nube los campos
se visten de color negro.

De tu sutileza fue
airoso, galán empeño,   270
sofística bizarría
de tu soberano ingenio.

Probar lo que no es probable
bien se ve que fue el intento
tuyo, porque lo evidente   275
probado se estaba ello.

Acudiste al partido
que hallaste más indefenso
y a la opinión desvalida
ayudaste caballero.   ·280

Éste fue tu fin; y así,
debajo de este supuesto,
no es ésta, ni puede ser,
réplica de tu argumento,

sino solo una obediencia   285

mandada de gusto ajeno,
cuya insinuación en mí
tiene fuerza de precepto.

Confieso que de mejor
gana siguiera mi genio   290
el extravagante rumbo
de tu no hallado sendero.

Pero, sobre ser difícil,
inaccesible lo has hecho,
pues el mayor imposible   295
fuera ir en tu seguimiento.

Rumbo que estrenan las alas
de tu remontado vuelo
(aun determinando al daño)
no lo intentara un despecho.   300

La opinión que yo quería
seguir, seguiste primero;
dísteme celos, y tuve
la contraria con tenerlos.

Con razón se reservó   305
tanto asunto a tanto ingenio;
que a fuerzas solo de Atlante
fía la esfera su peso.

Tenla, pues, que si consigues
persuadirla al universo,   310
colgará el género humano
sus cadenas en tu templo.

No habrá quejosos de amor,
y en sus dulces prisioneros
serán las cadenas oro   315
y no dorados los yerros.

Será la sospecha inútil,
estará ocioso el recelo,
desterrarase el indicio
y perderá el ser el miedo.   320

Todo será dicha, todo
felicidad y contento,
todo venturas, y en fin
pasará el mundo a ser cielo.

Deberanle los mortales   325
a tu valeroso esfuerzo
la más dulce libertad
del más duro cautiverio.

Mucho te deberán todos,
y yo más que todos debo   330
las discretas instrucciones
a las luces de tus versos.

Dalos a la estampa, porque
en caracteres eternos
viva tu nombre, y con él   335
se extienda el común provecho.

IV. Romance que en sentidos afectos produce el dolor de una ausencia

Ya que para despedirme,
dulce idolatrado dueño,
ni me da licencia el llanto
ni me da lugar el tiempo,

háblente los tristes rasgos,   5
entre lastimeros ecos,
de mi triste pluma, nunca
con más justa causa negros.

Y aún ésta te hablará torpe
con las lágrimas que vierto;   10
porque va borrando el agua
lo que va dictando el fuego.

Hablar me impiden mis ojos,
y es que se anticipan ellos
viendo lo que he de decirte,   15
a decírtelo primero.

Oye la elocuencia muda
que hay en mi dolor, sirviendo
los suspiros, de palabras,
las lágrimas, de conceptos.   20

Mira la fiera borrasca
que pasa en el mar del pecho,
donde zozobras turbados
mis confusos pensamientos.

Mira cómo ya el vivir   25
me sirve de afán grosero,
que se avergüenza la vida
de durarme tanto tiempo.

Mira la muerte, que esquiva
huye, porque la deseo;   30
que aun la muerte, si es buscada,
se quiere subir de precio.

Mira cómo el cuerpo amante,
rendido a tanto tormento,
siendo en lo demás cadáver,   35
solo en el sentir es cuerpo.

Mira cómo el alma misma
aún teme, en su ser exento,
que quiera el dolor violar
la inmunidad de lo eterno.   40

En lágrimas y suspiros,
alma y corazón a un tiempo,
aquél se convierte en agua
y ésta se resuelve en viento.

Ya no me sirve la vida,   45
esta vida que poseo,
sino de condición sola
necesaria al sentimiento.

¿Mas por qué gasto razones
en contar mi pena, y dejo   50

de decir lo que es preciso
por decir lo que estás viendo?

En fin, te vas: ¡ay de mí!,
dudosamente lo pienso;
pues si es verdad, no estoy viva,   55
y si viva, no lo creo.

¿Posible es que ha de haber día
tan infausto, tan funesto,
en que sin ver yo las tuyas
esparza sus luces Febo?   60

¿Posible es que ha de llegar
el rigor a tan severo
que no ha de darle tu vista
a mis pesares aliento?

¿Que no he de ver tu semblante?   65
¿Que no he de escuchar tus ecos?
¿Que no he de gozar tus brazos?
¿Ni me ha de animar tu aliento?

¡Ay, mi bien! ¡Ay, prenda mía!
¡Dulce fin de mis deseos!   70
¿Por qué me llevas el alma,
dejándome el sentimiento?

Mira que es contradicción
que no cabe en un sujeto
tanta muerte en una vida   75
tanto dolor en un muerto.

Mas ya que es preciso (¡ay triste!)
en mi infelice suceso
ni vivir con la esperanza
ni morir con el tormento,   80

dame algún consuelo tú
en el dolor que padezco,
y quien en el suyo muere
viva siquiera en tu pecho.

No te olvides que te adoro,   85
y sírvante de recuerdo
las finezas que me debes,
si no las prendas que tengo.

Acuérdate que mi amor,
haciendo gala del riesgo,   90
solo por atropellarlo
se alegraba de tenerlo.

Y si mi amor no es bastante,
el tuyo mismo te acuerdo,
que no es poco empeño haber   95
empezado ya en empeño.

Acuérdate, señor mío,
de tus nobles juramentos,
y lo que juró tu boca
no lo desmienten tus hechos.   100

Y perdona si en temer
mi agravio, mi bien, te ofendo,
que no es dolor el dolor

que se contiene en lo atento.

Y adiós, que con el ahogo 105
que me embarca los alientos
ni sé ya lo que te digo
ni lo que te escribo leo.

V. En que expresa los efectos del Amor Divino, y propone morir amante, a pesar de todo riesgo

Traigo conmigo un cuidado,
y tan esquivo, que creo
que aunque sé sentirlo tanto
aún yo mismo no lo siento.

Es amor, pero es amor   5
que, faltándole lo ciego,
los ojos que tiene son
para darle más tormento.

El término no es a quo,
que causa el pesar que veo   10
que siendo el término el bien
todo el dolor es el medio.

Si es lícito y aún debido
este cariño que tengo,
¿por qué me han de dar castigo   15
porque pago lo que debo?

¡Oh, cuánta fineza! ¡Oh, cuántos
cariños he visto tiernos!
Que amor que se tiene a Dios
es calidad sin opuestos.   20

De lo lícito no puede
hacer contrarios conceptos,
con que es amor que al olvido
no puede vivir expuesto.

Yo me acuerdo (¡ah, nunca fuera!)   25
que he querido en otro tiempo
lo que pasó de locura
y lo que excedió de extremo.

Mas como era amor bastardo
y de contrarios compuesto,   30
fue fácil desvanecerse,
de achaque de su ser mesmo.

Mas ahora (¡ay de mí!) está
tan en su natural centro
que la virtud y razón   35
son quien aviva su incendio.

Quien tal oyere dirá
que si es así ¿por qué peno?
Mas mi corazón ansioso
dirá que por eso mesmo.   40

¡Oh, humana flaqueza nuestra,
adonde el más puro afecto
aún no sabe desnudarse
del natural sentimiento!

Tan precisa es la apetencia   45
que a ser amados tenemos,
que aun sabiendo que no sirve
nunca dejarla sabemos.

Que corresponda a mi amor
nada añade; mas no puedo   50

(por más que lo solicito)
dejar yo de apetecerlo.

Si es delito, yo lo digo;
si es culpa, ya lo confieso;
mas no puedo arrepentirme   55
por más que hacerlo pretendo.

Bien ha visto quien penetra
lo interior de mis secretos
que yo misma estoy formando
los dolores que padezco.   60

Bien sabe que soy yo misma
verdugo de mis deseos,
pues muertos entre mis ansias
tienen sepulcro en mi pecho.

Muero (¿quién lo creerá?) a manos   65
de la cosa que más quiero,
y el motivo de matarme
es el amor que le tengo.

Así alimentando triste
la vida con el veneno,   70
la misma muerte que vivo
es la vida con que muero.

Pero valor, corazón,
porque en tal dulce tormento,
en medio de cualquier suerte   75
no dejar de amar protesto.

VI. Al mismo intento

Mientras la gracia me excita
por elevarme a la esfera,
mas me abate a lo profundo
el peso de mis miserias.

La virtud y la costumbre   5
en el corazón pelean
y el corazón agoniza
en tanto que lidian ellas.

Y aunque es la virtud tan fuerte
temo que tal vez la venzan,   10
que es muy grande la costumbre
y está la virtud muy tierna.

Oscurécese el discurso
entre confusas tinieblas;
pues ¿quién podrá darme luz,   15
si está la razón a ciegas?

De mí misma soy verdugo
y soy cárcel de mí mesma:
¿quién vio que pena y penante
una propia cosa sean?   20

Hago disgusto a lo mismo
que más agradar quisiera,
y el disgusto que doy
en mí resulta la pena.

Amo a Dios y siento en Dios,   25
y hace mi voluntad mesma
de lo que es alivio, cruz,
del mismo puerto, tormenta.

Padezca, pues Dios lo manda;
mas de tal manera sea,   30
que si son penas las culpas
que no sean culpas las penas.

VII. A Cristo Sacramentado, día de comunión

Amante dulce del alma,
bien soberano a que aspiro,
tú que sabes las ofensas
castigar a beneficios;

divino imán en que adoro: 5
hoy que tan propicio os miro,
que me mimáis la osadía
de poder llamaros mío:

hoy que en unión amorosa
pareció a vuestro cariño   10
que si no estabais en mí
era poco estar conmigo;

hoy que para examinar
el afecto con que os sirvo
al corazón en persona   15
habéis entrado vos mismo,

pregunto: ¿es amor o celos
tan cuidadoso escrutinio?
Que quien lo registra todo
da de sospechar indicios.   20

Mas ¡ay, bárbara ignorante,
y qué de errores he dicho,
como si el estorbo humano
obstara al lince divino!

Para ver los corazones   25
no es menester asistirlos,
que para vos son patentes
las entrañas del abismo.

Con una intuición presente
tenéis en vuestro registro   30
el infinito pasado
hasta el presente finito.

Luego no necesitabais
para ver el pecho mío,
si lo estáis mirando sabio,   35
entrar a mirarlo fino.

Luego es amor, no celos,
lo que en vos miro.
Romance decasílabo

Pinta la proporción hermosa de la excelentísima
señora condesa de Paredes, con otra de cuidados,
elegantes esdrújulos, que aún le remite desde México a
su excelencia

Lámina sirva el cielo al retrato,
Lísida, de su angélica forma;
cálamos forme el Sol de sus luces,
sílabas las estrellas componga.

Cárceles tu madeja fabrica,   5
dédalo que sutilmente forma
vínculos de dorados Ofires,
Tíbares de prisiones gustosas.

Hécate, no triforme, mas llena,
pródiga de candores asoma,   10
trémula no en tu frente se oculta,
fúlgida su esplendor desemboza.

Círculo dividido en dos arcos,
pérsica forman lid belicosa:
áspides que por flechas disparas,   15
víboras de halagüeña ponzoña.

Lámparas, tus dos ojos, febeas,
súbitos resplandores arrojan;
pólvora que a las almas que llega
tórridas abrasadas transforma.   20

Límite de una y otra luz pura,
último, tu nariz judiciosa,

árbitro es, entre dos, confinantes,
máquina que divide una y otra.

Cátedras del abril tus mejillas,   25
clásicas dan a mayo estudiosas
métodos a jazmines nevados,
fórmula rubicunda a las rosas.

Lágrimas del aurora congela,
búcaro de fragancia tu boca,   30
rúbrica con jazmines escrita,
cláusula de coral y de aljófar.

Cóncavo es, breve pira, en la barba,
pórfido en que las almas reposan;
túmulo les eriges de luces,   35
bóveda de luceros las honra.

Tránsito a los jardines de Venus,
órgano es de marfil, en canora
música tu garganta, que en dulces
éxtasis aun al viento aprisiona.   40

Pámpanos de cristal y de nieve,
cándidos tus dos brazos provocan,
Tántalos, los deseos ayunos,
míseros sienten frutas y ondas.

Dátiles de alabastro tus dedos,   45
fértiles de sus dos palmas brotan;
frígidos, si los ojos los miran;
cálidos, si las almas los tocan.

Bósforo de estrechez, tu cintura,
cíngulo ciñe breve por zona;   50
rígida (si de seda) clausura,
músculos nos oculta ambiciosa.

Cúmulo de primores tu talle,
dóricas esculturas asombra,
jónicos lineamientos desprecia,   55
émula su labor de sí propia.

Móviles pequeñeces tus plantas,
sólidos pavimentos ignoran;
mágicos, que a los vientos que pisan
tósigos de beldad inficionan.   60

Plátano, tu gentil estatura,
flámula es que a los aires tremola;
ágiles movimientos que esparcen
bálsamo de fragantes aromas.

Índices de tu rara hermosura,   65
rústicas estas líneas son cortas;
Cítara solamente de Apolo
méritos cante tuyos sonora.

Debió la Austeridad de acusarle tal vez el metro; y
satisface con el poco tiempo que empleaba en escribir
a la Señora Virreina las Pascuas

Daros las Pascuas, Señora,
es mi gusto y es mi deuda:
el gusto, de parte mía;
y la deuda, de la vuestra.
Y así, pese a quien pesare,
escribo, que es cosa recia,
no importando que haya a quien
le pese lo que no pesa.
Y bien mirado, Señora,
decid, ¿no es impertinencia
querer pasar malos días
porque yo os dé Noches Buenas?
Si yo he de daros las Pascuas,
¿qué viene a importar que sea
en verso o en prosa, o con
estas palabras o aquéllas?
Y más, cuando en esto corre
el discurso tan apriesa,
que no se tarda la pluma
más que pudiera la lengua.
Si es malo, yo no le sé;
sé que nací tan poeta,
que azotada, como Ovidio,
suenan en metro mis quejas.
Pero dejemos aquesto;
que yo no sé cuál idea
me llevó, insensiblemente,
hacia donde no debiera.

Adorado Dueño mío,
de mi amor divina Esfera,
objeto de mis discursos,
suspensión de mis potencias;
excelsa, clara María,
cuya sin igual belleza
solo deja competirse
de vuestro valor, y prendas:
tengáis muy felices Pascuas;
que aunque es frase vulgar ésta,
¿quién quita que pueda haber
vulgaridades discretas?

Endechas

I. Que expresan cultos conceptos de afecto singular

Sabrás, querido Fabio,
si ignoras que te quiero,
que ignorar lo dichoso
es muy de lo discreto;

que apenas fuiste blanco   5
en que el rapaz arquero
del tiro indefectible
logró el mejor acierto,

cuando en mi pecho amante
brotaron el incendio   10
de recíprocas llamas
conformes ardimientos.

¿No has visto, Fabio mío,
cuando el señor de Delas
hiere con armas de oro   15
la Luna de un espejo,

que haciendo en el cristal
reflejo el rayo bello
hiere repercusivo
al más cercano objeto?   20

Pues así del amor
las flechas, que en mi pecho
tu resistente nieve
les dio mayor esfuerzo,

vueltas a mí las puntas,   25
dispuso amor soberbio,
solo con un impulso,
dos alcanzar trofeos.

Díganlo las ruinas
de mi valor deshecho   30
que en contritas cenizas
predican escarmientos.

Mi corazón lo diga,
que en padrones eternos
inextinguibles guarda   35
testimonios del fuego.

Segunda Troya, el alma,
de ardientes Mongibelos
es pavesa a la saña
de más astuto griego.   40

De las sangrientas viras
los enervados hierros
por las venas difunden
el amable veneno.

Las cercenadas voces,   45
que en balbucientes ecos,
si el amor las impele,
las retiene el respeto.

Las niñas de mis ojos,
que con mirar travieso   50
sinceramente parlan

del alma los secretos.

El turbado semblante
y el impedido aliento
en cuya muda calma   55
da voces el afecto.

Aquel decirte más,
cuando me explico menos,
queriendo en negaciones
expresar los conceptos.   60

Y en fin, dígaslo tú,
que de mis pensamientos,
lince sutil, penetras
los más ocultos senos.

Si he dicho que te he visto,   65
mi amor está supuesto,
pues es correlativo
de tus merecimientos.

Si a ellos atiendes, Fabio,
con indicios más ciertos   70
verás de mis finezas
evidentes contextos.

Ellos a ti te basten,
que si prosigo, pienso
que con superfluas voces   75
su autoridad ofendo.

II. Que explican un ingenioso sentir de ausente y desdeñado

Me acerco y me retiro:
¿quién sino yo hallar puedo
a la ausencia en los ojos
la presencia en lo lejos?

Del desprecio de Filis   5
infelice me ausento:
¡ay de aquel de quien es
aún perdida el desprecio!

Tan atento la adora,
que en el mal que padezco   10
no siento sus rigores
tanto como el perderlos.

No pierdo al partir solo
los bienes que poseo,
si en Filis, que no es mía,   15
pierdo lo que no pierdo.

¡Ay de quien un desdén
lograba tan atento
que por no ser dolor
no se atrevió a ser premio!   20

Pues viendo en mi destino
preciso mi destierro,
me desdeñaba más
porque perdiera menos.

¡Ay! ¿Quién te enseñó, Filis,   25
tan primoroso medio:
vedar a los desdenes
el traje del afecto?

A vivir ignorado
de tus luces me ausento,   30
donde ni aun mi mal sirva
a tu desdén de obsequio.

III. Consuelos seguros en el desengaño

Ya, desengaño mío,
llegasteis al extremo
que pudo en vuestro ser
verificar el serlo.

Todo lo habéis perdido: 5
mas no todo, pues creo
que aun a costa es de todo
barato el escarmiento.

No envidiaréis de amor
los gustos lisonjeros   10
que está un escarmentado
muy remoto del riesgo.

El no esperar alguno
me sirve de consuelo,
que también es alivio   15
el no buscar remedio.

En la pérdida misma
los alivios encuentro,
pues si perdí el tesoro,
también se perdió el miedo   20

No tener qué perder
me sirve de sosiego,
que no teme ladrones
desnudo el pasajero.

Ni aun la libertad misma
tenerla por bien quiero,   25
que luego será daño
si por tal la poseo.

No quiero más cuidados
de bienes tan inciertos,   30
sino tener el alma
como que no la tengo.

IV. Demostrando afectos de un favorecido que se ausenta

Divino dueño mío,
si al tiempo de apartarme
tiene mi amante pecho
alientos de quejarse,
oye mis penas, mira mis males,   5

aliéntese el dolor
si puede lamentarse
y a vista de perderse
mi corazón exhale
llanto a la tierra, quejas al aire,   10

apenas de tus ojos
quise al Sol elevarme
cuando mi precipicio
da en sentidas señales
venganza al fuego, nombre a los mares.   15

Apenas tus favores
quisieron coronarse,
dichoso más que todos,
felice como nadie,
cuando los gustos fueron pesares.   20

Sin duda el ser dichoso
es la culpa más grave,
pues mi fortuna adversa
dispone que la pague
con que a mis ojos tus luces falten.   25

¡Ay dura ley de ausencia!
¿Quién podrá derogarte,
si adonde yo no quiero
me llevas sin llevarme,
con alma muerta, vivo cadáver?   30

Será de tus favores
solo el corazón cárcel,
por ser aún el silencio,
si quiero que los guarde,
custodio indigno, siglo frágil.   35

Y puesto que me ausento,
por el último valle,
te prometo rendido
mi amor, y ser constante,
siempre quererte, nunca olvidarte.   40

V. Que prorrumpen en las voces de dolor al despedirse por una ausencia

Si acaso, Fabio mío,
después de penas tantas
quedan para las quejas
alientos en el alma;

si acaso en las cenizas   5
de mi muerte esperanza
se libró por pequeña
alguna débil rama,

adonde entretenerse,
con fuerza limitada,   10
el rato que me escuchas
pueda la vital aura;

si acaso a la tijera
mortal que me amenaza
concede breves treguas   15
la inexorable parca,

oye en tristes endechas
tiernas consonancias
que al moribundo cisne
sirven de exequias blandas.   20

Y antes que noche eterna
con letal llave opaca
de mis trémulo ojos
cierre las lumbres vagas,

dame el postrer abrazo,   25
cuyas tiernas lazadas,
siendo unión de los cuerpos,
identifican almas.

Oigo tus dulces ecos,
y en cadencias turbadas   30
no permite el ahogo
entera la palabra.

De tu rostro en el mío
haz amoroso estampa
y las mejillas frías   35
de ardiente llanto baña.

Tus lágrimas y mías
digan equivocadas
que aunque en distintos pechos
las engendró una causa.   40

Unidas de las manos
las bien tejidas palmas,
con movimientos digan
lo que los labios callan.

Dame, por prendas firmes   45
de tu fe no violada,
en tu pecho escrituras,
seguros en tu cara;

para que cuando baje
a las estigias aguas,   50

tuyo el óbolo sea
para fletar la barca.

Recibe de mis labios
el que, en mortales ansias,
el exánime pecho   55
último aliento exhala.

Y el espíritu ardiente,
que vivifica llama
de acto sirvió primero
a tierra organizada,   60

recibe, y de tu pecho
en la dulce morada
padrón eterno sea
de mi fineza rara.

Y adiós, Fabio querido,   65
que ya el aliento falta,
y de vivir se aleja
la que de ti se aparta.

VI. Que discurren fantasías tristes de un ausente

Prolija memoria,
permite, siquiera,
que por un instante
sosieguen mis penas.

Afloja el cordel,   5
que (según aprietas)
temo que reviente
si das otra vuelta.

Mira que si acabas
con mi vida, cesa   10
de tus tiranías
la triste materia.

No piedad te pido
en aquestas treguas,
sino que otra especie   15
de tormento sea.

Ni de mí presumas
que soy tan grosera
que la vida solo
para vivir quiera.   20

Bien sabes tú, como
quien está tan cerca,
que solo la estimo
por sentir con ella,

y porque perdida,   25
perder era fuerza
un amor que pide
duración eterna:

por eso te pido
que tengas clemencia,   30
no porque yo viva,
sí porque él no muera.

¿No basta cuán vivas
se me representan
de mi ausente cielo   35
las divinas prendas?

¿No basta acordarme
sus caricias tiernas,
sus dulces palabras,
sus nobles finezas?   40

¿Y no basta que
industriosas crezcan,
con pasadas glorias,
mis presentes penas?

¿Sino que (¡ay de mí,   45
mi bien, quién pudiera
no hacerte este agravio
de temer mi ofensa!),

sino que villano
persuadirme intentas   50
que mi agravio es

posible que sea?

Y para formarlo,
con necia agudeza,
con cuerdas palabras,   55
acciones contestas.

Sus proposiciones
me las interpretas
y lo que en paz dije
me sirve de guerra.   60

¿Para qué examinas
si habrá quien merezca
de tus bellos ojos
atenciones tiernas?

¿Si de otra hermosura   65
acaso le llevan
méritos más altos,
más dulces ternezas?

¿Si de obligaciones
la carga molesta   70
le obliga en mi agravio
a pagar la deuda?

¿Para qué ventilas
la cuestión superflua
de si es la mudanza   75
hija de la ausencia?

Ya yo sé que es frágil

la naturaleza
y que su constancia
sola es no tenerla.   80

Sé que la mudanza
por puntos, en ella
es de su ser propio
caduca dolencia.

Pero también sé   85
que ha habido firmeza,
que ha habido excepciones
de la común regla.

¿Pues por qué la suya
quieres tú que sea,   90
siendo ambas posibles,
de aquélla, y no de ésta?

Mas ¡ay! que ya escucho
que das por respuesta
que son más seguras   95
las cosas adversas.

Con estos temores
en confusa guerra,
entre muerte y vida
me tienes suspensa.   100

Ven a algún partido
de una vez y acepta
permitir que viva
o dejar que muera.

Liras

I. Expresa el sentimiento que padece una mujer amante de su marido muerto

A estos peñascos rudos,
mudos testigos del dolor que siento,
que solo siendo mudos
pudiera yo fiarles mi tormento,
si acaso de mis penas lo terrible   5
no infunde lengua y voz en lo insensible,

quiero contar mis males,
si es que yo sé los males de que muero;
pues son mis penas tales,
que si contarlas por alivio quiero,   10
le son, una con otra atropellada,
dogal a la garganta, al pecho espada.

No envidio dicha ajena,
que el mal eterno que en mi pecho lidia
hace incapaz mi pena   15
de que pueda tener tan alta envidia:
es tan mísero estado en el que peno,
que como dicha envidio el mal ajeno:

No pienso yo si hay glorias,
porque estoy de pensarlo tan distante,   20
que aun las dulces memorias
de mi pasado bien, tan ignorante
las mira de mi mal el desengaño,
que ignoro si fue bien y sé que es daño.

Estense allá en su esfera   25

los dichosos, que es cosa en mi sentido
tan remota, tan fuera
de mi imaginación, que solo mido,
entre lo que padecen los mortales,
lo que distan sus males de mis males.   30

¡Quién tan dichoso fuera
que de un agravio indigno se quejara!
¡Quién un desdén llorara!
¡Quién un alto imposible pretendiera!
¡Quién llegara, de ausencia o de mudanza,   35
casi a perder de vista la esperanza!

¡Quién en ajenos brazos
viera a su dueño, y con dolor rabioso
se arrancara a pedazos
del pecho ardiente el corazón celoso!   40
Pues fuera menor mal que mis desvelos
el infierno insufrible de los celos.

Pues todos esos males
tienen consuelo o tienen esperanza;
y los más son iguales,   45
solicitan o animan la venganza,
y solo de mi fiero mal se aleja
la esperanza, venganza, alivio y queja.

Porque ¿a quién sino al cielo,
que me robó mi dulce prenda amada,   50
podrá mi desconsuelo
dar sacrílega queja destemplada?
Y él con sordas, rectísimas orejas,
a cuenta de blasfemias pondrá quejas.

Ni Fabio fue grosero, 55
ni ingrato, ni traidor, antes amante,
con pecho verdadero:
nadie fue más leal ni más constante;
nadie más fino supo en sus acciones
finezas añadir a obligaciones. 60

Solo el cielo envidioso
mi esposo me quitó: la Parca dura,
con ceño riguroso,

 fue solo autor de tanta desventura.
¡Oh cielo riguroso! ¡Oh triste suerte, 65
que tantas muertes das con una muerte!

¡Ay, dulce esposo amado!
¿Para qué te vi yo? ¿Por qué te quise,
y por qué tu cuidado
me hizo con las venturas infelice? 70
¡Oh dicha fementida y lisonjera,
quién tus amargos fines conociera!

¿Qué vida es ésta mía,
que rebelde resiste a dolor tanto?
¿Por qué, necia, porfía 75
y en las amargas fuentes de mi llanto,
atenuada, no acaba de extinguirse,
si no puede en mi fuego consumirse?

II. Que expresa sentimiento de ausente

Amado dueño mío:
escucha un rato mis cansadas quejas,
pues del viento las fío
que breve las conduzca a tus orejas,
si no se desvanece el triste acento   5
como mi esperanza en el viento.

Óyeme con los ojos,
ya que están tan distantes los oídos
y de ausentes enojos
en ecos de mi pluma mis gemidos;   10
y ya que a ti no llega mi voz ruda,
óyeme sordo, pues me quejo muda.

Si del campo te agradas,
goza de sus frescuras venturosas,
sin que aquestas cansadas   15
lágrimas te detengan enfadosas;
que en él verás, si atento te entretienes,
ejemplo de mis males y mis bienes,

Si el arroyo parlero
ves galán de las flores en el prado,   20
que amante y lisonjero
a cuantas mira íntima su cuidado,
en su corriente mi dolor te avisa
que a costa de mi llanto tienes risa.

Si ves que triste llora   25
su esperanza marchita en ramo verde

tórtola gemidora,
en él y en ella mi dolor te acuerde
que imitan con verdor y con lamento
él a mi esperanza y ella mi tormento.   30

Si la flor delicada,
si la peña, que altiva no consiente
del tiempo ser hollada,
ambas me imitaban, aunque variamente,
ya con fragilidad, ya con dulzura,   35
mi dicha aquélla, y ésta mi firmeza.

Si ves el ciervo herido
que baja por el monte acelerado,
buscando, dolorido,
alivio al mal en un arroyo helado,   40
y sediento al cristal se precipita,
no en el alivio, en el dolor me imita.

Si la liebre encogida
huye medrosa de los galgos fieros,
y por salvar la vida   45
no deja estampa de los pies ligeros,
tal mi esperanza en dudas y recelos
se ve acusada de villanos celos.

Si ves el cielo claro,
tal es la sencillez del alma mía;   50
y si, de luz avaro,
de tinieblas emboza el claro día,
es con su oscuridad y su clemencia
imagen de mi vida en esta ausencia.

Así que, Fabio amado,					55
saber puedes mis males sin costarte

 la noticia cuidado,
pues puedes de los campos informarte,
y pues yo a todo mi dolor ajusto,
saber mi pena sin dejar tu gusto.			60

Mas ¿cuándo (¡ay, gloria mía!)
mereceré gozar tu luz serena?
¿Cuándo llegará el día
que pongas dulce fin a tanta pena?
¿Cuándo veré tus ojos, dulce encanto,			65
y de los míos quitarás el llanto?

¿Cuándo tu voz sonora
herirá mis oídos, delicada,
y el alma que te adora,
de inundación de gozos anegada,			70
a recibirte con amante prisa
saldrá a los ojos desatada en risa?

¿Cuándo tu luz hermosa
revestirá de glorias mis sentidos?
¿Y cuándo yo dichosa				75
mis suspiros daré por bien perdidos,
teniendo en poco el precio de mi llanto?
¡Que tanto ha de penar quien goza tanto!

¿Cuándo de tu apacible
rostro alegre veré el semblante afable		80
y aquel bien indecible,
a toda humana pluma inexplicable?

Que mal se ceñirá a lo definido
lo que no cabe en todo lo sentido.

Ven, pues, mi prenda amada,   85
que ya fallece mi cansada vida
de esta ausencia pesada;
ven, pues, que mientras tarda tu venida,
aunque me cueste su verdor enojos,
regaré mi esperanza con mis ojos.   90

Glosas

Exhorta a conocer los bienes frágiles

Presto celos llorarás

En vano tu canto suena
pues no advierte en su desdicha
que será el fin de tu dicha
el principio de tu pena.
El loco orgullo refrena,   5
de que tan ufano estás,
sin advertir, cuando das
cuenta al aire de tus bienes,
que si ahora dichas tienes
presto celos llorarás.   10

En lo dulce de tu canto,
el justo temor te avisa
que en un amante no hay risa
que no se alterne con llanto.
No te desvanezca tanto   15
el favor, que te hallarás
burlado y conoccrás
cuánto es necio un confiado;
que si hoy blasonas de amado
presto celos llorarás.   20

Advierte que el mismo estado
que al amante venturoso
le constituye dichoso,
le amenaza desdichado;
pues le da tan alto grado   25
por derribarle no más:

y así tú, que ahora estás
en tal altura, no ignores
que si hoy ostentas favores
presto celos llorarás.   30

La gloria más levantada
que amor a tu dicha ordena
contémplala como ajena
y tenla como prestada.
No tu ambición engañada   35
piense que eterno serás
en las dichas pues verás
que hay áspid entre las flores
y que si hoy cantas favores
presto celos llorarás.   40

Décimas

Esmera su respetuoso amor, habla con el retrato, y no calla con él, dos veces dueño

Copia divina en quien veo
desvanecido al pincel,
de ver que ha llegado él
donde no pudo el deseo;
alto, soberano empleo   5
de más que humano talento,
exenta de atrevimiento,
pues tu beldad increíble,
como excede a lo posible,
no la alcanza el pensamiento.   10

¿Qué pincel tan soberano
fue a copiarte suficiente?
¿Qué numen movió la mente?
¿Qué virtud rigió la mano?
No se alabe el arte vano   15
que te formó peregrino,
pues en tu beldad convino,
para formar un portento,
fuese humano el instrumento
pero el impulso divino.   20

Tan espíritu te admiro,
que cuando deidad te creo
hallo el alma que no veo
y dudo el cuerpo que miro:
todo el discurso retiro,   25
admirada en tu beldad;

que muestra con realidad,
dejando el sentido en calma,
que puede copiarse el alma,
que es visible la deidad.   30

Mirando perfección tal,
cual la que en ti llego a ver,
apenas puedo creer
que puedes tener igual:
y a no haber original   35
de cuya perfección rara
la que hay en ti se copiara
perdida por tu afición
segundo Pigmalión
la animación te impetrara.   40

Toco, por ver si escondido
lo viviente en ti parece.
¿Posible es que de él carece
quien roba todo el sentido?
¿Posible es que no ha sentido   45
esta mano que le toca?
¿Y a que atiendas te provoca
a mis rendidos despojos?
¿Que no hay luz en esos ojos?
¿Que no hay voz en esa boca?   50

Bien puedo formar querella,
cuando me dejas en calma,
de que me robas el alma
y no te animas con ella;
y cuando altivo atropella   55
tu rigor mi rendimiento,

apurando el sufrimiento
tanto tu piedad se aleja,
que se me pierde la queja
y se me logra el tormento.   60

Tal vez pienso que piadoso
respondes a mi afición,
y otras teme el corazón
que te esquivas desdeñoso:
ya alienta el pecho dichoso,   65
ya infeliz el rigor muere;

pero, como quiera, adquiere
la dicha de poseer,
porque al fin en mi poder
serás lo que yo quisiere.   70

Y aunque ostentes el rigor
de tu original fiel,
a mí me ha dado el pincel
lo que no puede el amor:
dichosa vivo al favor   75
que me ofrece un bronce frío,
pues aunque muestres desvío,
podrás, cuando más terrible,
decir que eres imposible,
pero no que no eres mío.   80

Poemas sueltos

Pues estoy condenada

Pues estoy condenada,
Fabio, a la muerte, por decreto tuyo,
y la sentencia airada
ni la apelo, resisto ni la huyo,
óyeme, que no hay reo tan culpado
a quien el confesar le sea negado.

Porque te han informado,
dices, de que mi pecho te ha ofendido,
me has, fiero, condenado.
¿Y pueden, en tu pecho endurecido
más la noticia incierta, que no es ciencia,
que de tantas verdades la experiencia?

Si a otros crédito has dado,
Fabio, ¿por qué a tus ojos se lo niegas,
y el sentido trocado
de la ley, al cordel mi cuello entregas,
pues liberal me amplías los rigores
y avaro me restringes los favores?

Si a otros ojos he visto,
mátenme, Fabio, tus airados ojos;
si a otro cariño asisto,
asístanme implacables tus enojos;
y si otro amor del tuyo me divierte,
tú, que has sido mi vida, me des muerte.

Si a otro, alegre, he mirado,
nunca alegre me mires ni te vea;

si le hablé con agrado,
eterno desagrado en ti posea;
y si otro amor inquieta mi sentido,
sáquesme el alma tú, que mi alma has sido.

Mas, supuesto que muero,
sin resistir a mi infelice suerte,
que me des solo quiero
licencia de que escoja yo mi muerte;
deja la muerte a mi elección medida,
pues en la tuya pongo yo la vida.

Estos versos lector mío

Estos versos, lector mío,
que a tu deleite consagro,
y solo tienen de buenos
conocer yo que son malos,
ni disputártelos quiero,
ni quiero recomendarlos,
porque eso fuera querer
hacer de ellos mucho caso.

No agradecido te busco:
pues no debes, bien mirado,
estimar lo que yo nunca
juzgué que fuera a tus manos.
En tu libertad te pongo,
si quisieres censurarlos;
pues de que, al cabo, te estás
en ella, estoy muy al cabo.

No hay cosa más libre que
el entendimiento humano;
pues lo que Dios no violenta,
por qué yo he de violentarlo?

Di cuanto quisieres dellos,
que, cuanto más inhumano
me los mordieres, entonces
me quedas más obligado,
pues le debes a mi musa
el más sazonado plato
(que es el murmurar), según

un adagio cortesano.
Y siempre te sirvo, pues,
o te agrado, o no te agrado:
si te agrado, te diviertes;
murmuras, si no te cuadro.

Bien pudiera yo decirte
por disculpa, que no ha dado
lugar para corregirlos
la priesa de los traslados;
que van de diversas letras,
y que algunos, de muchachos,
matan de suerte el sentido
que es cadáver el vocablo;
y que, cuando los he hecho,
ha sido en el corto espacio
que ferian al ocio las
precisiones de mi estado;
que tengo poca salud
y continuos embarazos,
tales, que aun diciendo esto,
llevo la pluma trotando.

Pero todo eso no sirve,
pues pensarás que me jacto
de que quizá fueran buenos
a haberlos hecho despacio;
y no quiero que tal creas,
sino solo que es el darlos
a la luz, tan solo por
obedecer un mandato.

Esto es, si gustas creerlo,

que sobre eso no me mato,
pues al cabo harás lo que
se te pusiere en los cascos.
Y adiós, que esto no es más de
darte la muestra del paño:
si no te agrada la pieza,
no desenvuelvas el fardo.

Cogióme sin prevención

Cogióme sin prevención
Amor, astuto y tirano:
con capa de cortesano
se me entró en el corazón.
Descuidada la razón
y sin armas los sentidos,
dieron puerta inadvertidos;
y él, por lograr sus enojos,
mientras suspendió los ojos
me salteó los oidos.

Disfrazado entró y mañoso;
mas ya que dentro se vio
del Paladión, salió
de aquel disfraz engañoso;
y, con ánimo furioso,
tomando las armas luego,
se descubrió astuto Griego
que, iras brotando y furores,
matando los defensores,
puso a toda el Alma fuego.

Y buscando sus violencias
en ella al príamo fuerte,
dio al Entendimiento muerte,
que era Rey de las potencias;
y sin hacer diferiencias
de real o plebeya grey,
haciendo general ley
murieron a sus puñales

los discursos racionales
porque eran hijos del Rey.

A Casandra su fiereza
buscó, y con modos tiranos,
ató a la Razón las manos,
que era del Alma princesa.
En prisiones su belleza
de soldados atrevidos,
lamenta los no creídos
desastres que adivinó,
pues por más voces que dio
no la oyeron los sentidos.

Todo el palacio abrasado
se ve, todo destruido;
Deifobo allí mal herido,
aquí Paris maltratado.
Prende también su cuidado
la modestia en Polixena;
y en medio de tanta pena,
tanta muerte y confusión,
a la ilícita afición
solo reserva en Elena.

Ya la Ciudad, que vecina
fue al Cielo, con tanto arder,
solo guarda de su ser
vestigios, en su ruina.
Todo el amor lo extermina;
y con ardiente furor,
solo se oye, entre el rumor
con que su crueldad apoya:

«Aquí yace un Alma Troya
¡Victoria por el Amor!»

Dime vencedor rapaz

Dime vencedor Rapaz,
vencido de mi constancia,
¿Qué ha sacado tu arrogancia
de alterar mi firme paz?
Que aunque de vencer capaz
es la punta de tu arpón,
¿qué importa el tiro violento,
si a pesar del vencimiento
queda viva la razón?

Tienes grande señorío;
pero tu jurisdicción
domina la inclinación,
mas no pasa el albedrío.
Y así librarme confío
de tu loco atrevimiento,
pues aunque rendida siento
y presa la libertad,
se rinde la voluntad
pero no el consentimiento.

En dos partes dividida
tengo el alma en confusión:
una, esclava a la pasión,
y otra, a la razón medida.
Guerra civil, encendida,
aflige el pecho importuna:
quiere vencer cada una,
y entre fortunas tan varias,
morirán ambas contrarias

pero vencerá ninguna.

Cuando fuera, Amor, te vía,
no merecí de ti palma;
y hoy, que estás dentro del alma,
es resistir valentía.
Córrase, pues, tu porfía,
de los triunfos que te gano:
pues cuando ocupas, tirano,
el alma, sin resistillo,
tienes vencido el Castillo
e invencible el Castellano.

Invicta razón alienta
armas contra tu vil saña,
y el pecho es corta campaña
a batalla tan sangrienta.
Y así, Amor, en vano intenta
tu esfuerzo loco ofenderme:
pues podré decir, al verme
expirar sin entregarme,
que conseguiste matarme
mas no pudiste vencerme.

Primero sueño

Piramidal, funesta, de la tierra
nacida sombra, al Cielo encaminaba
de vanos obeliscos punta altiva,
escalar pretendiendo las Estrellas;
si bien sus luces bellas   5
—exentas siempre, siempre rutilantes—
la tenebrosa guerra
que con negros vapores le intimaba
la pavorosa sombra fugitiva
burlaban tan distantes,   10
que su atezado ceño
al superior convexo aun no llegaba
del orbe de la Diosa
que tres veces hermosa
con tres hermosos rostros ser ostenta,   15
quedando solo o dueño
del aire que empañaba
con el aliento denso que exhalaba;
y en la quietud contenta
de imperio silencioso,   20
sumisas solo voces consentía
de las nocturnas aves,
tan oscuras, tan graves,
que aun el silencio no se interrumpía.

Con tardo vuelo y canto, del oído   25
mal, y aun peor del ánimo admitido,
la avergonzada Nictimene acecha
de las sagradas puertas los resquicios,
o de las claraboyas eminentes

los huecos más propicios   30
que capaz a su intento le abren brecha,
y sacrílega llega a los lucientes
faroles sacros de perenne llama,
que extingue, si no infama,
en licor claro la materia crasa   35
consumiendo, que el árbol de Minerva
de su fruto, de prensas agravado,
congojoso sudó y rindió forzado.

   Y aquellas que su casa
campo vieron volver, sus telas hierba,   40
a la deidad de Baco inobedientes,
—ya no historias contando diferentes,
en forma sí afrentosa transformadas—,
segunda forman niebla,
ser vistas aun temiendo en la tiniebla,   45
aves sin pluma aladas:
aquellas tres oficiosas, digo,
atrevidas Hermanas,
que el tremendo castigo
de desnudas les dio pardas membranas   50
alas tan mal dispuestas
que escarnio son aun de las más funestas:
éstas, con el parlero
ministro de Plutón un tiempo, ahora
supersticioso indicio al agorero,   55
solos la no canora
componían capilla pavorosa,
máximas, negras, longas entonando,
y pausas más que voces, esperando
a la torpe mensura perezosa   60
de mayor proporción tal vez, que el viento

con flemático echaba movimiento,
de tan tardo compás, tan detenido,
que en medio se quedó tal vez dormido.

Éste, pues, triste son intercadente   65
de la asombrada turba temerosa,
menos a la atención solicitaba
que al sueño persuadía;
antes sí, lentamente,
su obtusa consonancia espaciosa   70
al sosiego inducía
y al reposo los miembros convidaba,
—el silencio intimando a los vivientes,
uno y otro sellando labio oscuro
con indicante dedo,   75
Harpócrates, la noche, silencioso;
a cuyo, aunque no duro,
si bien imperioso
precepto, todos fueron obedientes—.

El viento sosegado, el can dormido,   80
éste yace, aquél quedo
los átomos no mueve,
con el susurro hacer temiendo leve,
aunque poco, sacrílego ruido,
violador del silencio sosegado.   85
El mar, no ya alterado,
ni aun la instable mecía
cerúlea cuna donde el Sol dormía;
y los dormidos, siempre mudos, peces,
en los lechos lamosos   90
de sus oscuros senos cavernosos,
mudos eran dos veces;

y entre ellos, la engañosa encantadora
Alcione, a los que antes
en peces transformó, simples amantes, 95
transformada también, vengaba ahora.

  En los del monte senos escondidos,
cóncavos de peñascos mal formados
—de su aspereza menos defendidos
que de su oscuridad asegurados—, 100
cuya mansión sombría
ser puede noche en la mitad del día,
incógnita aun al cierto
montaraz pie del cazador experto,
—depuesta la fiereza 105
de unos, y de otros el temor depuesto—
yacía el vulgo bruto,
a la Naturaleza
el de su potestad pagando impuesto,
universal tributo; 110
y el Rey, que vigilancias afectaba,
aun con abiertos ojos no velaba.

  El de sus mismos perros acosado,
monarca en otro tiempo esclarecido,
tímido ya venado, 115
con vigilante oído,
del sosegado ambiente
al menor perceptible movimiento
que los átomos muda,
la oreja alterna aguda 120
y el leve rumor siente
que aun le altera dormido.
Y en la quietud del nido,

que de brozas y lodo, instable hamaca,
formó en la más opaca   125
parte del árbol, duerme recogida
la leve turba, descansando el viento
del que le corta, alado movimiento.

De Júpiter el ave generosa
—como al fin Reina—, por no darse entera 130
al descanso, que vicio considera
si de preciso pasa, cuidadosa
de no incurrir de omisa en el exceso,
a un solo pie librada fía el peso
y en otro guarda el cálculo pequeño   135
—despertador reloj del leve sueño—,
porque, si necesario fue admitido,
no pueda dilatarse continuado,
antes interrumpido
del regio sea pastoral cuidado.   140
¡Oh de la Majestad pensión gravosa,
que aun el menor descuido no perdona!
Causa, quizá, que ha hecho misteriosa,
circular, denotando, la corona,
en círculo dorado,   145
que el afán es no menos continuado.

El todo, en fin, lo poseía;
todo, en fin, el silencio lo ocupaba:
aun el ladrón dormía;
aun el amante no se desvelaba.   150

El conticinio casi ya pasando
iba, y la sombra dimidiaba, cuando
de las diurnas tareas fatigados,

—y no solo oprimidos
del afán ponderoso   155
del corporal trabajo, mas cansados
del deleite también (que también cansa
objeto continuado a los sentidos
aun siendo deleitoso:
que la Naturaleza siempre alterna   160
ya una, ya otra balanza,
distribuyendo varios ejercicios,
ya al ocio, ya al trabajo destinados,
en el fiel infiel con que gobierna
la aparatosa máquina del mundo)—;   165
así, pues, de profundo
sueño dulce los miembros ocupados,
quedaron los sentidos
del que ejercicio tienen ordinario,
—trabajo en fin, pero trabajo amado   170
si hay amable trabajo—,
si privados no, al menos suspendidos,
y cediendo al retrato del contrario
de la vida, que —lentamente armado—
cobarde embiste y vence perezoso   175
con armas soñolientas,
desde el cayado humilde al cetro altivo,
sin que haya distintivo
que el sayal de la púrpura discierna:
pues su nivel, en todo poderoso,   180
gradúa por exentas
a ningunas personas,
desde la de a quien tres forman coronas
soberana tiara,
hasta la que pajiza vive choza;   185
desde la que el Danubio undoso dora,

a la que junco humilde, humilde mora;
y con siempre igual vara
(como, en efecto, imagen poderosa
de la muerte) Morfeo   190
el sayal mide igual con el brocado.

   El alma, pues, suspensa
del exterior gobierno —en que ocupada
en material empleo,
o bien o mal da el día por gastado—,   195
solamente dispensa
remota, si del todo separada
no, a los de muerte temporal opresos
lánguidos miembros, sosegados huesos,
los gajes del calor vegetativo,   200
el cuerpo siendo, en sosegada calma,
un cadáver con alma,
muerto a la vida y a la muerte vivo,
de lo segundo dando tardas señas
el del reloj humano   205
vital volante que, si no con mano,
con arterial concierto, unas pequeñas
muestras, pulsando, manifiesta lento
de su bien regulado movimiento.

   Este, pues, miembro rey y centro vivo   210
de espíritus vitales,
con su asociado respirante fuelle
—pulmón, que imán del viento es atractivo,
que en movimientos nunca desiguales
o comprimiendo ya, o ya dilatando   215
el musculoso, claro arcaduz blando,
hace que en el resuelle

el que le circunscribe fresco ambiente
que impele ya caliente,
y él venga su expulsión haciendo activo   220
pequeños robos al calor nativo,
algún tiempo llorados,
nunca recuperados,
si ahora no sentidos de su dueño,
que, repetido, no hay robo pequeño—;   225
éstos, pues, de mayor, como ya digo,
excepción, uno y otro fiel testigo,
la vida aseguraban,
mientras con mudas voces impugnaban
la información, callados, los sentidos   230
—con no replicar solo defendidos—,
y la lengua que, torpe, enmudecía,
con no poder hablar los desmentía.

    Y aquella del calor más competente
científica oficina,   235
próvida de los miembros despensera,
que avara nunca y siempre diligente,
ni a la parte prefiere más vecina
ni olvida a la remota,
y en ajustado natural cuadrante   240
las cuantidades nota
que a cada cuál tocarle considera,
del que alambicó quilo el incesante
calor, en el manjar que —medianero
piadoso— entre él y el húmedo interpuso   245
su inocente substancia,
pagando por entero
la que, ya piedad sea, o ya arrogancia,
al contrario voraz necio lo expuso,

—merecido castigo, aunque se excuse,   250
al que en pendencia ajena se introduce—;
ésta, pues, si no fragua de Vulcano,
templada hoguera del calor humano,
al cerebro enviaba
húmedos, más tan claros los vapores   255
de los atemperados cuatro humores,
que con ellos no solo no empañaba
los simulacros que la estimativa
dio a la imaginativa
y aquésta, por custodia más segura,   260
en forma ya más pura
entregó a la memoria que, oficiosa,
grabó tenaz y guarda cuidadosa,
sino que daban a la fantasía
lugar de que formase   265
imágenes diversas. Y del modo
que en tersa superficie, que de Faro
cristalino portento, asilo raro
fue, en distancia longísima se vían
(sin que ésta le estorbase)   270
del reino casi de Neptuno todo
las que distantes le surcaban naves,
—viéndose claramente
en su azogada Luna
el número, el tamaño y la fortuna   275
que en la instable campaña transparente
arresgadas tenían,
mientras aguas y vientos dividían
sus velas leves y sus quillas graves—:
así ella, sosegada, iba copiando   280
las imágenes todas de las cosas,
y el pincel invisible iba formando

de mentales, sin luz, siempre vistosas
colores, las figuras
no solo ya de todas las criaturas   285
sublunares, más aun también de aquéllas
que intelectuales claras son Estrellas,
y en el modo posible
que concebirse puede lo invisible,
en sí, mañosa, las representaba   290
y al Alma las mostraba.

   La cual, en tanto, toda convertida
a su inmaterial Ser y esencia bella,
aquella contemplaba,
participada de alto Ser, centella   295
que con similitud en sí gozaba;
y juzgándose casi dividida
de aquella que impedida
siempre la tiene, corporal cadena,
que grosera embaraza y torpe impide   300
el vuelo intelectual con que ya mide
la cuantidad inmensa de la Esfera,
ya el curso considera
regular, con que giran desiguales
los cuerpos celestiales,   305
—culpa si grave, merecida pena
(torcedor del sosiego, riguroso)
de estudio vanamente judicioso—,
puesta, a su parecer, en la eminente
cumbre de un monte a quien el mismo Atlante
310
que preside gigante
a los demás, enano obedecía,
y Olimpo, cuya sosegada frente

nunca de aura agitada
consintió ser violada,   315
aun falda suya ser no merecía:
pues las nubes: —que opaca son corona
de la más elevada corpulencia,
del volcán más soberbio que en la tierra
gigante erguido intima al cielo guerra—,   320
apenas densa zona
de su altiva eminencia,
o a su vasta cintura
cíngulo tosco son, que —mal ceñido—
o el viento lo desata sacudido,   325
o vecino el calor del Sol lo apura.

A la región primera de su altura,
(ínfima parte, digo, dividiendo
en tres su continuado cuerpo horrendo),
el rápido no pudo, el veloz vuelo   330
del águila —que puntas hace al Cielo
y al Sol bebe los rayos pretendiendo
entre sus luces colocar su nido—
llegar; bien que esforzando
más que nunca el impulso, ya batiendo   335
las dos plumadas velas, ya peinando
con las garras el aire, ha pretendido,
tejiendo de los átomos escalas,
que su inmunidad rompan sus dos alas.

Las Pirámides dos —ostentaciones   340
de Menfis vano y de la Arquitectura
último esmero, si ya no pendones
fijos, no tremolantes—, cuya altura
coronada de bárbaros trofeos

tumba y bandera fue a los Ptolomeos,   345
que al viento, que a las nubes publicaba
(si ya también al Cielo no decía)
de su grande, su siempre vencedora
ciudad —ya Cairo ahora—
las que, porque a su copia enmudía,   350
la Fama no cantaba.
Gitanas glorias, Ménficas proezas,
aun en el viento, aun en el Cielo impresas:

  éstas —que en nivelada simetría
su estatura crecía   355
con tal diminución, con arte tanto,
que (cuanto más al Cielo caminaba)
a la vista, que lince la miraba,
entre los vientos se desparecía,
sin permitir mirar la sutil punta   360
que al primer orbe finge que se junta,
hasta que fatigada del espanto,
no descendida, sino despeñada
se hallaba al pie de la espaciosa basa,
tarde o mal recobrada   365
del desvanecimiento
que pena fue no escasa
del visual alado atrevimiento—,
cuyos cuerpos opacos
no al Sol opuestos, antes avenidos   370
con sus luces, si no confederados
con él (como, en efecto, confinantes),
tan del todo bañados
de su resplandor eran, que —lucidos—
nunca de calorosos caminantes   375
al fatigado aliento, a los pies flacos,

ofrecieron alfombra
aun de pequeña, aun de señal de sombra

éstas, que glorias ya sean Gitanas,
o elaciones profanas,   380
bárbaros jeroglíficos de ciego
error, según el Griego
ciego también, dulcísimo Poeta,
—si ya, por las que escribe
Aquileyas proezas   385
o marciales de Ulises sutilezas,
la unión no le recibe
de los Historiadores, o le acepta
(cuando entre su catálogo le cuente)
que gloria más que número le aumente—,   390
de cuya dulce serie numerosa
fuera más fácil cosa
al temido Tonante
el rayo fulminante
quitar, o la pesada   395
a Alcides clava herrada,
que un hemistiquio solo
de los que le dictó propicio Apolo:

según de Homero, digo, la sentencia,
las Pirámides fueron materiales   400
tipos solos, señales exteriores
de las que, dimensiones interiores,
especies son del Alma intencionales:
que como sube en piramidal punta
al Cielo la ambiciosa llama ardiente,   405
así la humana mente
su figura trasunta,

y a la Causa Primera siempre aspira,
—céntrico punto donde recta tira
la línea, si ya no circunferencia,   410
que contiene, infinita, toda esencia—.

   éstos, pues, Montes dos artificiales
(bien maravillas, bien milagros sean),
y aun aquella blasfema altiva Torre
de quien hoy dolorosas son señales   415
—no en piedras, sino en lenguas desiguales,
porque voraz el tiempo no las borre—
los idiomas diversos que escasean
el sociable trato de las gentes
(haciendo que parezcan diferentes   420
los que unos hizo la Naturaleza,
de la lengua por solo la extrañeza),
si fueran comparados
a la mental pirámide elevada
donde, sin saber cómo, colocada   425
el Alma se miró, tan atrasados
se hallaran, que cualquiera
graduara su cima por Esfera:
pues su ambicioso anhelo,
haciendo cumbre de su propio vuelo,   430
en la más eminente
la encumbró parte de su propia mente,
de sí tan remontada, que creía
que a otra nueva región de sí salía.

   En cuya casi elevación inmensa,   435
gozosa mas suspensa,
suspensa pero ufana,
y atónita aunque ufana, la suprema

de lo sublunar Reina soberana,
la vista perspicaz, libre de anteojos,   440
de sus intelectuales bellos ojos,
(sin que distancia tema
ni de obstáculo opaco se recele,
de que interpuesto algún objeto cele),
libre tendió por todo lo criado: 445
cuyo inmenso agregado,
cúmulo incomprehensible,
aunque a la vista quiso manifiesto
dar señas de posible,
a la comprehensión no, que —entorpecida 450
con la sobra de objetos, y excedida
de la grandeza de ellos su potencia—,
retrocedió cobarde.

   Tanto no, del osado presupuesto,
revocó la intención, arrepentida,   455
la vista que intentó descomedida
en vano hacer alarde
contra objeto que excede en excelencia
las líneas visuales,
—contra el Sol, digo, cuerpo luminoso,   460
cuyos rayos castigo son fogoso,
que fuerzas desiguales
despreciando, castigan rayo a rayo
el confiado, antes atrevido
y ya llorado ensayo,   465
(necia experiencia que costosa tanto
fue, que ícaro ya, su propio llanto
lo anegó enternecido)—,
como el entendimiento, aquí vencido
no menos de la inmensa muchedumbre   470

(de tanta maquinosa pesadumbre
de diversas especies, conglobado
esférico compuesto),
que de las cualidades
de cada cual, cedió; tan asombrado,   475
que —entre la copia puesto,
pobre con ella en las neutralidades
de un mar de asombros, la elección confusa—,
equivocó las ondas zozobraba;
y por mirarlo todo, nada vía,   480
ni discernir podía
(bota la facultad intelectiva
en tanta, tan difusa
incomprehensible especie que miraba
desde el un eje en que librada estriba   485
la máquina voluble de la Esfera,
al contrapuesto polo)
las partes, ya no solo,
que al universo todo considera
serle perfeccionantes,   490
a su ornato, no mas, pertenecientes;
Mas ni aun las que integrantes
miembros son de su cuerpo dilatado,
proporcionadamente competentes.

   Mas como al que ha usurpado   495
diuturna oscuridad, de los objetos
visibles los colores,
si súbitos le asaltan resplandores,
con la sobra de luz queda más ciego
—que el exceso contrarios hace efectos   500
en la torpe potencia, que la lumbre
del Sol admitir luego

no puede por la falta de costumbre—,
y a la tiniebla misma, que antes era
tenebroso a la vista impedimento,   505
de los agravios de la luz apela,
y una vez y otra con la mano cela
de los débiles ojos deslumbrados
los rayos vacilantes,
sirviendo ya —piadosa medianera—   510
la sombra de instrumento
para que recobrados
por grados se habiliten,
porque después constantes
su operación más firmes ejerciten,   515
—recurso natural, innata ciencia
que confirmada ya de la experiencia,
maestro quizá mudo,
retórico ejemplar, inducir pudo
a uno y otro Galeno   520
para que del mortífero veneno,
en bien proporcionadas cantidades
escrupulosamente regulando
las ocultas nocivas cualidades,
ya por sobrado exceso   525
de cálidas o frías,
o ya por ignoradas simpatías
o antipatías con que van obrando
las causas naturales su progreso,
(a la admiración dando, suspendida,   530
efecto cierto en causa no sabida,
con prolijo desvelo y remirada
empírica atención, examinada
en la bruta experiencia,
por menos peligrosa),   535

la confección hicieran provechosa,
último afán de la Apolínea ciencia,
de admirable triaca,
¡que así del mal el bien tal vez se saca!—:
no de otra suerte el Alma, que asombrada   540
de la vista quedó de objeto tanto,
la atención recogió, que derramada
en diversidad tanta, aun no sabía
recobrarse a sí misma del espanto
que portentoso había   545
su discurso calmado,
permitiéndole apenas
de un concepto confuso
el informe embrión que, mal formado,
inordinado caos retrataba   550
de confusas especies que abrazaba,
—sin orden avenidas,
sin orden separadas,
que cuanto más se implican combinadas
tanto más se disuelven desunidas,   555
de diversidad llenas—,
ciñendo con violencia lo difuso
de objeto tanto, a tan pequeño vaso,
(aun al más bajo, aun al menor, escaso).

  Las velas, en efecto, recogidas,   560
que fió inadvertidas
traidor al mar, al viento ventilante,
—buscando, desatento,
al mar fidelidad, constancia al viento—,
mal le hizo de su grado   565
en la mental orilla
dar fondo, destrozado,

al timón roto, a la quebrada entena,
besando arena a arena
de la playa el bajel, astilla a astilla,   570
donde —ya recobrado—
el lugar usurpó de la carena
cuerda refleja, reportado aviso
de dictamen remiso:
que, en su operación misma reportado,   575
más juzgó conveniente
a singular asunto reducirse,
o separadamente
una por una discurrir las cosas
que vienen a ceñirse   580
en las que artificiosas
dos veces cinco son Categorías:

   reducción metafísica que enseña
(los entes concibiendo generales
en solo unas mentales fantasías   585
donde de la materia se desdeña
el discurso abstraído)
ciencia a formar de los universales,
reparando, advertido,
con el arte el defecto   590
de no poder con un intuitivo
conocer acto todo lo criado,
sino que, haciendo escala, de un concepto
en otro va ascendiendo grado a grado,
y el de comprender orden relativo   595
sigue, necesitado
del del entendimiento
limitado vigor, que a sucesivo
discurso fía su aprovechamiento:

cuyas débiles fuerzas, la doctrina   600
con doctos alimentos va esforzando,
y el prolijo, si blando,
continuo curso de la disciplina,
robustos le va alientos infundiendo,
con que más animoso   605
al palio glorioso
del empeño más arduo, altivo aspira,
los altos escalones ascendiendo,
—en una ya, ya en otra cultivado
facultad—, hasta que insensiblemente   610
la honrosa cumbre mira
término dulce de su afán pesado
(de amarga siembra, fruto al gusto grato,
que aun a largas fatigas fue barato),
y con planta valiente   615
la cima huella de su altiva frente.

  De esta serie seguir mi entendimiento
el método quería,
o del ínfimo grado
del ser inanimado   620
(menos favorecido,
si no más desvalido,
de la segunda causa productiva),
pasar a la más noble jerarquía
que, en vegetable aliento,   625
primogénito es, aunque grosero,
de Thetis —el primero
que a sus fértiles pechos maternales,
con virtud atractiva,
los dulces apoyó manantiales   630

de humor terrestre, que a su nutrimento
natural es dulcísimo alimento—,
y de cuatro adornada operaciones
de contrarias acciones,
ya atrae, ya segrega diligente   635
lo que no serle juzga conveniente,
ya lo superfluo expele, y de la copia
la substancia más útil hace propia;

   y —esta ya investigada—,
forma inculcar más bella   640
(de sentido adornada,
y aun más que de sentido, de aprehensiva
fuerza imaginativa),
que justa puede ocasionar querella
—cuando afrenta no sea—   645
de la que más lucida centellea
inanimada Estrella,
bien que soberbios brille resplandores,
—que hasta a los Astros puede superiores,
aun la menor criatura, aun la más baja,   650
ocasionar envidia, hacer ventaja—;

   y de este corporal conocimiento
haciendo, bien que escaso, fundamento,
al supremo pasar maravilloso
compuesto triplicado,   655
de tres acordes líneas ordenado
y de las formas todas inferiores
compendio misterioso:
bisagra engarzadora
de la que más se eleva entronizada   660
Naturaleza pura

y de la que, criatura
menos noble, se ve más abatida:
no de las cinco solas adornada
sensibles facultades,   665
mas de las interiores
que tres rectrices son, ennoblecida,
—que para ser señora
de las demás, no en vano
la adornó Sabia Poderosa Mano—:   670
fin de Sus obras, círculo que cierra
la Esfera con la tierra,
última perfección de lo criado
y último de su Eterno Autor agrado,
en quien con satisfecha complacencia   675
Su inmensa descansó magnificencia:

    fábrica portentosa
que, cuanto más altiva al Cielo toca,
sella el polvo la boca,
—de quien ser pudo imagen misteriosa   680
la que águila Evangélica, sagrada
visión en Patmos vio, que las Estrellas
midió y el suelo con iguales huellas,
o la estatua eminente
que del metal mostraba más preciado   685
la rica altiva frente,
y en el más desechado
material, flaco fundamento hacía,
con que a leve vaivén se deshacía—:
el Hombre, digo, en fin, mayor portento   690
que discurre el humano entendimiento;
compendio que absoluto
parece al ángel, a la planta, al bruto;

cuya altiva bajeza
toda participó Naturaleza.   695
¿Por qué? Quizá porque más venturosa
que todas, encumbrada
a merced de amorosa
Unión sería. ¡Oh, aunque repetida,
nunca bastantemente bien sabida   700
merced, pues ignorada
en lo poco apreciada
parece, o en lo mal correspondida!

  Estos, pues, grados discurrir quería
unas veces; pero otras, disentía,   705
excesivo juzgando atrevimiento
el discurrirlo todo,
quien aun la más pequeña,
aun la más fácil parte no entendía
de los más manuales   710
efectos naturales;
quien de la fuente no alcanzó risueña
el ignorado modo
con que el curso dirige cristalino
deteniendo en ambages su camino,   715
—los horrorosos senos
de Plutón, las cavernas pavorosas
del abismo tremendo,
las campañas hermosas,
los Eliseos amenos,   720
tálamo ya de su triforme esposa,
clara pesquisidora registrando,
(útil curiosidad, aunque prolija,
que de su no cobrada bella hija
noticia cierta dio a la rubia Diosa,   725

cuando montes y selvas trastornando,
cuando prados y bosques inquiriendo,
su vida iba buscando
y del dolor su vida iba perdiendo)—;

  quien de la breve flor aun no sabía   730
por qué ebúrnea figura
circunscribe su frágil hermosura:
mixtos, por qué, colores
—confundiendo la grana en los albores—
fragante le son gala: 735
ambares por qué exhala,
y el leve, si más bello
ropaje al viento explica,
que en una y otra fresca multiplica
hija, formando pompa escarolada   740
de dorados perfiles cairelada,
que —roto del capillo el blanco sello—
de dulce herida de la Cipria Diosa
los despojos ostenta jactanciosa,
si ya el que la colora,   745
candor al alba, púrpura al aurora
no le usurpó y, mezclado,
purpúreo es ampo, rosicler nevado:
tornasol que concita
los que del prado aplausos solicita,   750
preceptor quizá vano
—si no ejemplo profano—
de industria femenil que el más activo
veneno, hace dos veces ser nocivo
en el velo aparente   755
de la que finge tez resplandeciente.

Pues si a un objeto solo —repetía
tímido el Pensamiento—,
huye el conocimiento
y cobarde el discurso se desvía;   760
si a especie segregada
—como de las demás independiente,
como sin relación considerada—
da las espaldas el entendimiento,
y asombrado el discurso se espeluza   765
del difícil certamen que rehúsa
acometer valiente,
porque teme cobarde
comprehenderlo o mal, o nunca, o tarde,
¿cómo en tan espantosa   770
máquina inmensa discurrir pudiera,
cuyo terrible incomportable peso
—si ya en su centro mismo no estribara—
de Atlante a las espaldas agobiara,
de Alcides a las fuerzas excediera;   775
y el que fue de la Esfera
bastante contrapeso,
pesada menos, menos ponderosa
su máquina juzgara, que la empresa
de investigar a la Naturaleza?   780

Otras —más esforzado—
demasiada acusaba cobardía
el lauro antes ceder, que en la lid dura
haber siquiera entrado,
y al ejemplar osado   785
del claro joven la atención volvía,
—auriga altivo del ardiente carro—,
y el, si infeliz, bizarro

alto impulso, el espíritu encendía:
donde el ánimo halla   790
—más que el temor ejemplos de escarmiento—
abiertas sendas al atrevimiento,
que una ya vez trilladas, no hay castigo
que intento baste a remover segundo,
(segunda ambición, digo).   795

    Ni el panteón profundo
—cerúlea tumba a su infeliz ceniza—,
ni el vengativo rayo fulminante
mueve, por más que avisa,
al ánimo arrogante   800
que, el vivir despreciando, determina
su nombre eternizar en su ruina.
Tipo es, antes, modelo:
ejemplar pernicioso
que alas engendra a repetido vuelo,   805
del ánimo ambicioso
que —del mismo terror haciendo halago
que al valor lisonjea—,
las glorias deletrea
entre los caracteres del estrago.   810
O el castigo jamás se publicara,
porque nunca el delito se intentara:
político silencio antes rompiera
los autos del proceso,
—circunspecto estadista—;   815
o en fingida ignorancia simulara,
o con secreta pena castigara
el insolente exceso,
sin que a popular vista
el ejemplar nocivo propusiera: 820

que del mayor delito la malicia
peligra en la noticia,
contagio dilatado trascendiendo;
porque singular culpa solo siendo,
dejara más remota a lo ignorado   825
su ejecución, que no a lo escarmentado.

  Mas mientras entre escollos zozobraba
confusa la elección, sirtes tocando
de imposibles, en cuantos intentaba
rumbos seguir —no hallando   830
materia en que cebarse
el calor ya, pues su templada llama
(llama al fin, aunque más templada sea,
que si su activa emplea
operación, consume, si no inflama)   835
sin poder excusarse
había lentamente
el manjar trasformado,
propia substancia de la ajena haciendo:
y el que hervor resultaba bullicioso   840
de la unión entre el húmedo y ardiente,
en el maravilloso
natural vaso, había ya cesado
(faltando el medio), y consiguientemente
los que de él ascendiendo   845
soporíferos, húmedos vapores
el trono racional embarazaban
(desde donde a los miembros derramaban
dulce entorpecimiento),
a los suaves ardores   850
del calor consumidos,
las cadenas del desataban:

y la falta sintiendo de alimento
los miembros extenuados,
del descanso cansados,   855
ni del todo despiertos ni dormidos,
muestras de apetecer el movimiento
con tardos esperezos
ya daban, extendiendo
los nervios, poco a poco, entumecidos,   860
y los cansados huesos
(aun sin entero arbitrio de su dueño)
volviendo al otro lado—,
a cobrar empezaron los sentidos,
dulcemente impedidos   865
del natural beleño,
su operación, los ojos entreabriendo.

    Y del cerebro, ya desocupado,
las fantasmas huyeron
y —como de vapor leve formadas—   870
en fácil humo, en viento convertidas,
su forma resolvieron.
Así linterna mágica, pintadas
representa fingidas
en la blanca pared varias figuras,   875
de la sombra no menos ayudadas
que de la luz: que en trémulos reflejos
los competentes lejos
guardando de la docta perspectiva,
en sus ciertas mensuras   880
de varias experiencias aprobadas,
la sombra fugitiva,
que en el mismo esplendor se desvanece,
cuerpo finge formado,

de todas dimensiones adornado,   885
cuando aun ser superficie no merece.

   En tanto el Padre de la Luz ardiente,
de acercarse al Oriente
ya el término prefijo conocía,
y al antípoda opuesto despedía   890
con transmontantes rayos:
que —de su luz en trémulos desmayos—
en el punto hace mismo su Occidente,
que nuestro Oriente ilustra luminoso.
Pero de Venus, antes, el hermoso   895
apacible lucero
rompió el albor primero,
y del viejo Tithón la bella esposa
—amazona de luces mil vestida,
contra la noche armada,   900
hermosa si atrevida,
valiente aunque llorosa—,
su frente mostró hermosa
de matutinas luces coronada,
aunque tierno preludio, ya animoso,   905
del Planeta fogoso,
que venía las tropas reclutando
de bisoñas vislumbres,
—las más robustas, veteranas lumbres
para la retaguardia reservando—,   910
contra la que, tirana usurpadora
del imperio del día,
negro laurel de sombras mil ceñía
y con nocturno cetro pavoroso
las sombras gobernaba,   915
de quien aun ella misma se espantaba.

Pero apenas la bella precursora
signifera del Sol, el luminoso
en el Oriente tremoló estandarte,
tocando al arma todos los suaves   920
si bélicos clarines de las aves,
(diestros, aunque sin arte,
trompetas sonorosos),
cuando —como tirana al fin, cobarde,
de recelos medrosos   925
embarazada, bien que hacer alarde
intentó de sus fuerzas, oponiendo
de su funesta capa los reparos,
breves en ella de los tajos claros
heridas recibiendo,   930
(bien que mal satisfecho su denuedo,
pretexto mal formado fue del miedo,
su débil resistencia conociendo)—,
a la fuga ya casi cometiendo
más que a la fuerza, el medio de salvarse,   935
ronca tocó bocina
a recoger los negros escuadrones
para poder en orden retirarse,
cuando de más vecina
plenitud de reflejos fue asaltada,   940
que la punta rayó más encumbrada
de los del Mundo erguidos torreones.

Llegó, en efecto, el Sol cerrando el giro
que esculpió de oro sobre azul zafiro:
de mil multiplicados   945
mil veces puntos, flujos mil dorados
—líneas, digo, de luz clara—, salían
de su circunferencia luminosa,

pautando al Cielo la cerúlea plana;
y a la que antes funesta fue tirana   950
de su imperio, atropadas embestían:
que sin concierto huyendo presurosa
—en sus mismos horrores tropezando—
su sombra iba pisando,
y llegar al Ocaso pretendía   955
con el (sin orden ya) desbaratado
ejército de sombras, acosado
de la luz que el alcance le seguía.

   Consiguió, al fin, la vista del Ocaso
el fugitivo paso,   960
y —en su mismo despeño recobrada
esforzando el aliento en la ruina—,
en la mitad del globo que ha dejado
el Sol desamparada,
segunda vez rebelde determina   965
mirarse coronada,
mientras nuestro Hemisferio la dorada
ilustraba del Sol madeja hermosa,
que con luz judiciosa
de orden distributivo, repartiendo   970
a las cosas visibles sus colores
iba, y restituyendo
entera a los sentidos exteriores
su operación, quedando a luz más cierta
el mundo iluminado y yo despierta.   975

Villancicos

San Pedro Apóstol, 1683 (Villancico II)

Villancicos que se cantaron en la S. I. Catedral de México, en los Maitines del gloriosísimo Príncipe de la Iglesia, el Señor San Pedro, año de 1683, en que se imprimieron.

Tan sin número, de Pedro
son las maravillas altas,
que aunque todas son sabidas,
nunca son todas contadas.
Que tuvo Santidad mucha
se sabe, pero no cuánta;
y saberla y no entenderla,
es lo mismo que ignorarla.
Que es Cabeza de la Iglesia,
la misma Iglesia lo canta;
pero no saben los miembros
lo que la Cabeza alcanza.
Sabemos que es el Clavero
de todo el Divino Alcázar,
y como no se ve el Reino,
no se sabe lo que manda.
Como hay potestad suprema
en sus Llaves soberanas,
pueden siempre obedecerla,
pero nunca mensurarla.
En fin, su graduación tanto
de todo discurso pasa,
que es el mejor aplaudirla
el no saber ponderarla.

Estribillo
¡Vengan a aplaurdir, vengan

todas las almas,
en virtudes sabidas,
las ignoradas,
de un tan gran Santo,
que la Fe solamente
puede alcanzarlo!

Libros a la carta

A la carta es un servicio especializado para
empresas,
librerías,
bibliotecas,
editoriales
y centros de enseñanza;
y permite confeccionar libros que, por su formato y concepción, sirven a los propósitos más específicos de estas instituciones.

Las empresas nos encargan ediciones personalizadas para marketing editorial o para regalos institucionales. Y los interesados solicitan, a título personal, ediciones antiguas, o no disponibles en el mercado; y las acompañan con notas y comentarios críticos.

Las ediciones tienen como apoyo un libro de estilo con todo tipo de referencias sobre los criterios de tratamiento tipográfico aplicados a nuestros libros que puede ser consultado en Linkgua-ediciones.com.

Linkgua edita por encargo diferentes versiones de una misma obra con distintos tratamientos ortotipográficos (actualizaciones de carácter divulgativo de un clásico, o versiones estrictamente fieles a la edición original de referencia).

Este servicio de ediciones a la carta le permitirá, si usted se dedica a la enseñanza, tener una forma de hacer pública su interpretación de un texto y, sobre una versión digitalizada «base», usted podrá introducir interpretaciones del texto fuente. Es un tópico que los profesores denuncien en clase los desmanes de una edición, o vayan comentando errores de interpretación de un texto y esta es una solución útil a esa necesidad del mundo académico.

Asimismo publicamos de manera sistemática, en un mismo catálogo, tesis doctorales y actas de congresos académicos, que son distribuidas a través de nuestra Web.

El servicio de «libros a la carta» funciona de dos formas.

1. Tenemos un fondo de libros digitalizados que usted puede personalizar en tiradas de al menos cinco ejemplares. Estas personalizaciones pueden ser de todo tipo: añadir notas de clase para uso de un grupo de estudiantes, introducir logos corporativos para uso con fines de marketing empresarial, etc. etc.

2. Buscamos libros descatalogados de otras editoriales y los reeditamos en tiradas cortas a petición de un cliente.

www.ingramcontent.com/pod-product-compliance
Lightning Source LLC
Chambersburg PA
CBHW030505100426
42813CB00002B/349